... einfach klassisch

Johann Wolfgang von Goethe

Götz von Berlichingen

Drama

Auf der Grundlage der Originalausgabe von 1774
für die Schule bearbeitet von

Diethard Lübke

- mit neuer Rechtschreibung
- dem modernen Deutsch angepasst
- angemessen gekürzt
- mit Infos, Bildern und Verständnisfragen

Cornelsen

Inhaltsübersicht

Seite

1. Akt

1.1 Schwarzenberg in Franken 5
INFO *Bischof von Bamberg* 5
1.2 Herberge im Wald 6
INFO *Gelübde* 10
INFO *Reliquien* 12
1.3 Jagsthausen. Götzens Burg 13
INFO *Kastor und Pollux* 21
1.4 Im bischöflichen Palast zu Bamberg .. 23
INFO *Türken* 23
1.5 Jagsthausen 26
INFO *Simson* 26

2. Akt

2.1 Bamberg. Ein Saal 32
2.2 Jagsthausen 35
2.3 Bamberg. Zimmer der Adelheid 35
2.4 Im Spessart 37
2.5 Bamberg 38
2.6 Adelheids Zimmer 40
2.7 Vorzimmer 44
2.8 Im Spessart 45
2.9 Bamberg 46
2.10 Bauernhochzeit 48

3. Akt

3.1 Augsburg. Ein Garten 49
INFO *Hydra* 51
INFO *Urfehde* 52
3.2 Jagsthausen 53
3.3 Lager der Reichsexekution 55

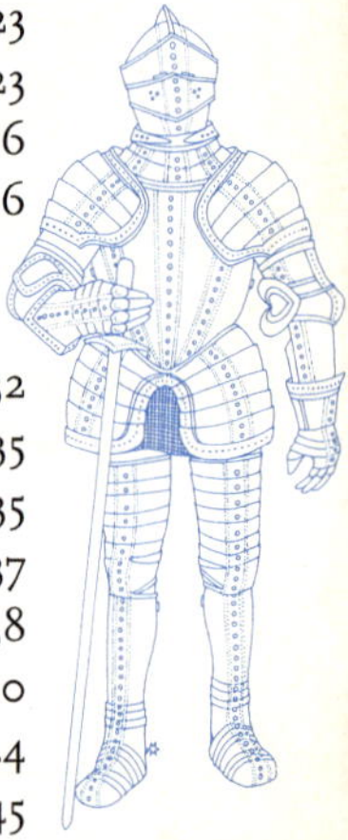

3.4 Jagsthausen 56
INFO *Reichsacht* 56
3.5 Bamberg 58
3.6 Jagsthausen 59
3.7 Wald an einem Morast 60
3.8 Lager 62
3.9 Jagsthausen 62
3.10 Lager 63
3.11 Gebirge und Wald 64
3.12 Heide 64
3.13 Eine Höhe 65
INFO *„Mauerschau“* 66
3.14 Lager 68
INFO *Scheißkerle* 68
3.15 Jagsthausen 69
3.16 Lager 70
3.17 Jagsthausen 70
3.18 Belagerung. Küche 73
3.19 Saal 74
3.20 Saal 76
3.21 Schlosshof 79
3.22 Saal 80

4. Akt
4.1 Wirtshaus zu Heilbronn 81
4.2 Rathaus 82
INFO *Ebenbild des Kaisers* 86
4.3 Ein großer Saal auf dem Rathaus 89
INFO *Kurfürsten* 90
4.4 Adelheids Schloss 91
4.5 Jagsthausen 95

5. Akt
5.1 Bauernkrieg 96
5.2 Feld 99
5.3 Berg und Tal 102
5.4 Jagsthausen 103
5.5 Bei einem Dorf 104
5.6 Nacht, im wilden Wald 106
5.7 Hauptmanns Zelt 107
5.8 Adelheids Schlafzimmer 109
5.9 Heilbronn, vorm Turm 112
5.10 Weislingens Schloss 113
5.11 In einem finstern engen Gewölbe 117
INFO *Feme* 118
5.12 Hof einer Herberge 119
5.13 Heilbronn, im Turm 119
5.14 Gärtchen am Turm 120
INFO *Anspielungen auf die Bibel* 124

Erster Akt

1.1 Schwarzenberg in Franken

Metzler, Sievers am Tisch. Zwei Reiterknechte beim Feuer. Wirt.

Sievers. Hänsel, noch ein Glas Schnaps und nicht zu knapp!

Wirt. Du kriegst nie genug.

Metzler *(leise zu Sievers).*

Erzähl das noch einmal vom Berlichingen! Die Bamberger dort ärgern sich, dass sie schwarz werden.

Sievers. Bamberger? Was tun *die* hier?

Metzler. Der Weislingen ist oben auf'm Schloss beim Herrn Grafen schon zwei Tage; den haben sie begleitet. Ich weiß nicht, wo er herkommt; sie warten auf ihn; er will zurück nach Bamberg.

Sievers. Wer ist der Weislingen?

Metzler. Des Bischofs rechte Hand[1], ein gewaltiger Herr, der dem Götz feindlich gesonnen ist.

Sievers. Er soll sich in Acht nehmen.

Metzler *(leise).* Nur immer zu! *(Laut.)* Seit wann hat denn der Götz wieder Streit mit dem Bischof von Bamberg? Es hieß ja, alles wäre geregelt und geschlichtet.

1 des Bischofs rechte Hand: der wichtigste Minister

Bischof von Bamberg

Zu damaliger Zeit war der Bischof von Bamberg auch der weltliche Herrscher (Fürst) im Bistum Bamberg. Er hatte Minister, Soldaten, konnte Krieg führen usw.
Andere geistliche Fürstentümer im alten Deutschen Reich waren zum Beispiel Würzburg, Magdeburg, Mainz, Köln, Paderborn ...

INFO

Sievers. Ja, vertrag dich mit den Pfaffen! Als der Bischof sah, dass er nichts ausrichtet und immer den Kürzern zieht, kroch er zu Kreuze[1] und bemühte sich, dass ein Vergleich zu Stande käme. Und der treuherzige Berlichingen gab nach, wie er immer tut, wenn er im Vorteil ist.
Metzler. Gott erhalte ihn! Ein rechtschaffener Herr!

Zwei andere Reiter treten auf. Götz von Berlichingen hat sie geschickt, um auszuspionieren, wo sich Weislingen gerade befindet.

1.2 Herberge im Wald

Götz *(vor der Tür unter der Linde)*. Wo meine Knechte bleiben! Auf und ab muss ich gehen, sonst übermannt mich der Schlaf. Fünf Tage und Nächte bin ich schon auf der Lauer. Es wird einem schwer gemacht, das bisschen Leben und Freiheit. Jedoch, wenn ich dich erst habe, Weislingen, will ich mir's wohl sein lassen. *(Gießt sich Wein ein.)* Wieder leer. Georg! Solange es am Wein nicht mangelt und an frischem Mut, lache ich über die Herrschsucht und die Machenschaften der Fürsten. – Georg! – Schickt ihr nur euren dienstbereiten Weislingen herum, zu Vettern und Freunden, um mich anzuschwärzen. Nur immer zu. Ich bin wach. Du bist mir entkommen, Bischof! So mag denn dein lieber Weislingen dafür büßen. – Georg! Hört der Junge nicht? Georg! Georg!
Georg *(im Harnisch[2] eines Erwachsenen)*. Gestrenger Herr!
Götz. Wo steckst du? Hast du geschlafen? Was zum Henker

1 zu Kreuze kriechen: sich unterwerfen
2 Harnisch: Rüstung

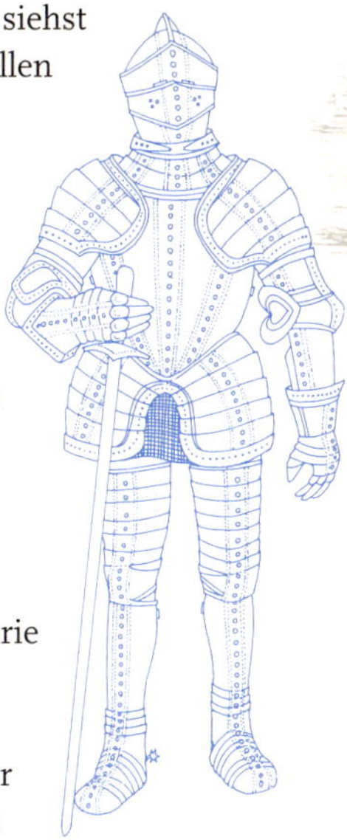

treibst du in der Verkleidung? Komm her, du siehst gut aus. Du bist tapfer. Ja, wenn du ihn ausfüllen könntest. Es ist Hansens Harnisch?

Georg. Er wollte ein wenig schlafen und schnallte ihn ab.

Götz. Er ist bequemer als sein Herr.

Georg. Seid nicht böse. Ich nahm den Harnisch leise weg und legte ihn an, und holte meines Vaters altes Schwert, lief auf die Wiese und zog es aus der Scheide.

Götz. Und hiebst um dich herum? Da wird's den Hecken und Dornen gut gegangen sein. Schläft Hans?

Georg. Auf Euer Rufen sprang er auf und schrie mir, dass Ihr ruft. Ich wollte den Harnisch abschnallen, da hört ich Euch zwei-, dreimal.

Götz. Geh! Bring ihm seinen Harnisch wieder und sag ihm, er soll bereit sein, soll nach den Pferden sehen.

Georg. Die hab ich gut gefüttert und wieder aufgezäumt. Ihr könnt aufsitzen, wann Ihr wollt.

Götz. Bring mir einen Krug Wein, gib Hansen auch ein Glas, sag ihm, er soll munter sein. Ich hoffe jeden Augenblick, meine Kundschafter sollen zurückkommen.

Georg. Ach gestrenger Herr!

Götz. Was hast du?

Georg. Darf ich nicht mit?

Götz. Ein andermal, Georg.

Georg. Ein andermal, das habt Ihr schon oft gesagt. O diesmal! Diesmal! Ich will nur hinterherlaufen. Ich will Euch die verschossenen Bolzen[1] wiederholen.

1 Bolzen: Pfeilspitzen aus Metall

Götz. Das nächste Mal, Georg. Du sollst erst ein Wams[1] haben, eine Blechhaube und einen Spieß. Du bist ein tapfrer Junge.

Georg. Nehmt mich mit, dass ich's zeigen kann!

Götz. Das nächste Mal, auf mein Wort. Unbewaffnet wie du bist, sollst du nicht in den Kampf. Die künftigen Zeiten brauchen auch Männer. Geh, Georg, gib Hansen seinen Harnisch wieder und bring mir Wein. *(Georg ab.)* Wo meine Knechte bleiben! Es ist unbegreiflich. Ein Mönch! Wo kommt der denn her?

(Bruder Martin kommt.)

Götz. Ehrwürdiger Vater[2], guten Abend!

Martin. Dank Euch, edler Herr! Und bin einstweilen nur demütiger Bruder[2], wenn's ja Titel sein sollen. Augustin mit meinem Klosternamen, doch hör ich am liebsten Martin, meinen Taufnamen.

Götz. Ihr seid müde, Bruder Martin, und ohne Zweifel durstig! *(Georg kommt.)* Da kommt der Wein eben recht.

Martin. Für mich einen Trunk Wasser. Ich darf keinen Wein trinken.

Götz. Ist das Euer Gelübde?

Martin. Nein, gnädiger Herr, es ist nicht gegen mein Gelübde, Wein zu trinken; weil aber der Wein gegen mein Gelübde ist, so trinke ich keinen Wein.

Götz. Wie versteht Ihr das?

Martin. Wohl Euch, dass Ihr's nicht versteht. Essen und trinken, mein ich, ist des Menschen Leben.

Götz. Wohl!

Martin. Wenn Ihr gegessen und getrunken habt, seid Ihr wie neu geboren; seid stärker, mutiger, tüchtiger. Der Wein erfreut des Menschen Herz, und die Freude ist die Mutter aller guten Eigenschaften. Wenn Ihr Wein getrunken habt, seid Ihr alles

1 Wams: unter dem (Eisen-)Panzer getragene Steppjacke
2 Ehrwürdiger Vater: Titel für einen Pater (= Ordensgeistlicher). – Demütiger Bruder: Anrede an einen Mönch ohne Priesterweihe

doppelt, was Ihr sein sollt, noch einmal so geistvoll, noch einmal so unternehmend, noch einmal so schnell ausführend.

Götz. Wie ich ihn trinke, ist es wahr.

Martin. Davon red ich auch. Aber wir –

(Georg mit Wasser.)

Götz *(zu Georg heimlich)*. Geh und leg dich mit dem Ohr auf die Erde, ob du nicht Pferde kommen hörst, und sei gleich wieder hier.

Martin. Aber wir, wenn wir gegessen und getrunken haben, sind wir grad das Gegenteil von dem, was wir sein sollten. Unsere schläfrige Verdauung stimmt den Kopf nach dem Magen und wir träumen die schlimmsten Dinge.

Götz. Ein Glas, Bruder Martin, wird Euch nicht im Schlaf stören. Ihr seid heute viel gegangen. *(Bringt's ihm.)* Zum Wohle!

Martin. In Gottes Namen! *(Sie stoßen an.)* Mein Abt[1] liebt mich, mein Kloster ist Erfurt in Sachsen[2]; er weiß, ich kann nicht ruhen; da schickt er mich herum, wo was zu erledigen ist. Ich geh zum Bischof von Konstanz.

Götz. Gute Verrichtung!

Martin. Gleichfalls.

Götz. Was seht Ihr mich so an, Bruder?

Martin. Dass ich in Euern Harnisch verliebt bin.

Götz. Hättet Ihr Lust auf einen? Es ist schwer und beschwerlich ihn zu tragen.

Martin. Was ist nicht beschwerlich auf dieser Welt! Und mir kommt nichts beschwerlicher vor als nicht Mensch sein dürfen. Armut, Keuschheit und Gehorsam – drei Gelübde, deren jedes einzeln betrachtet der Natur das Unausstehlichste scheint, so unerträglich sind sie alle. O Herr! Was sind die Mühseligkeiten Eures Lebens gegen die Jämmerlichkeiten meines Standes, der die besten Triebe, durch die wir werden, wachsen und gedeihen, verdammt?

1 Abt: Vorsteher eines Klosters
2 Erfurt ist heute die Landeshauptstadt von Thüringen.

INFO

Gelübde

Ein Gelübde ist ein feierliches Versprechen an Gott.
Jeder Mönch hat drei Gelübde zu leisten:

- Gehorsam (gegen seine Vorgesetzten)
- Keuschheit (= sexuelle Enthaltsamkeit)
- Armut (= kein persönliches Eigentum)

Martin darf zwar Wein trinken, aber dann „träumt er von den schlimmsten Dingen", er hat Schwierigkeiten damit, das zweite Gelübde zu halten: das der Keuschheit.

Götz. Wär Euer Gelübde nicht so heilig, ich wollte Euch überreden, einen Harnisch anzulegen, wollt Euch ein Pferd geben, und wir zögen miteinander.

Martin. Wollte Gott, meine Schultern fühlten Kraft, den Harnisch zu ertragen, und mein Arm Stärke, einen Feind vom Pferd zu stechen! – Arme schwache Hand, von jeher gewohnt Kreuze und Friedensfahnen zu führen. – Wenn Ihr zurückkehrt, mit der Beute Eurer Feinde beladen, und Euch erinnert: Den stach ich vom Pferd, eh er schießen konnte, und den rannt ich samt dem Pferde nieder, und dann reitet Ihr zu Euerm Schloss hinauf und –

Götz. Was meint Ihr?

Martin. Und Eure Weiber! *(Er schenkt ein.)* Auf die Gesundheit Eurer Frau! *(Er wischt sich die Augen.)* Ihr habt doch eine?

Götz. Ein edles vortreffliches Weib!

Martin. Wohl dem, der ein gutes Weib hat! Ich kenne keine Weiber und doch war die Frau die Krone der Schöpfung!

Georg *(kommt gesprungen)*. Herr! Ich höre Pferde im Galopp! Zwei! Sie sind es gewiss.

Götz. Führe mein Pferd heraus! Hans soll aufsitzen. – Lebt wohl, teurer Bruder, Gott geleit Euch! Seid mutig und geduldig.

Martin. Ich bitt um Euern Namen.

Götz. Verzeiht mir. Lebt wohl! *(Er reicht ihm die linke Hand.)*

Martin. Warum reicht Ihr mir die Linke? Bin ich die ritterliche Rechte nicht wert?

Götz. Und wenn Ihr der Kaiser wärt, Ihr müsstet mit dieser zufrieden sein. Meine Rechte, obgleich im Kriege nicht unbrauchbar, ist gegen den Druck der Liebe unempfindlich: Sie ist eins mit ihrem Handschuh; Ihr seht, er ist Eisen.

Martin. So seid Ihr Götz von Berlichingen! Ich danke dir, Gott, dass du mich ihn hast sehen lassen, diesen Mann, den die Fürsten hassen und zu dem die Bedrängten sich wenden!

(Er nimmt ihm die rechte Hand.) Lasst mir diese Hand, lasst mich sie küssen!

Götz. Ihr sollt nicht.

Martin. Lasst mich! Du, mehr wert als eine Reliquienhand, durch die das heiligste Blut geflossen ist!

Götz *(setzt den Helm auf und nimmt die Lanze. Die zwei Knechte kommen.)*

Götz *(zu ihnen. Sie reden heimlich).* In den Haslacher Wald also. *(Wendet sich zu Martin.)* Lebt wohl, werter Bruder Martin. *(Küsst ihn.)*

Martin. Vergesst mich nicht, wie ich Euch nicht vergesse.

(Götz ab.)

Martin. Es ist eine Lust, einen großen Mann zu sehen.

INFO

Reliquien

Reliquien sind Gebeine eines Heiligen (Kopf, Arm, Fuß) oder Gegenstände, mit denen er in Berührung gekommen ist (Grabtuch, Kreuz). Reliquien werden in kostbaren Behältern (Reliquiaren) aufbewahrt.

Der berühmteste Reliquienschrein in Deutschland ist der Dreikönigsschrein im Kölner Dom mit den Überresten der heiligen drei Könige.

Martin vergleicht die Handprothese von Götz mit einem Reliquiar.

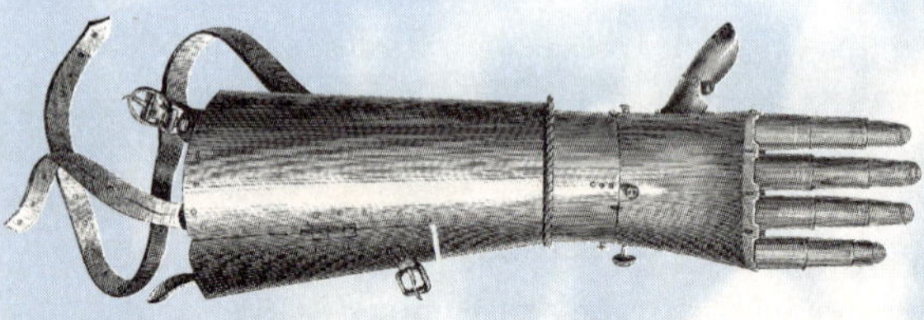

1. Warum hat sich Georg den Harnisch von Hans angezogen? Was wünscht er sich?
2. Wie kann man das Verhältnis zwischen Götz und Georg beschreiben?
3. Was bewundert Bruder Martin an Götz?
4. Warum ist Götz während der ganzen Szene so unruhig?

1.3 Jagsthausen. Götzens Burg

Elisabeth. Maria. Karl, sein Söhnchen.

Elisabeth. Ich kann nicht begreifen, wo mein Mann bleibt. Schon fünf Tage und Nächte, dass er weg ist, und er hoffte so schnell seinen Überfall auszuführen.

Maria. Mich ängstigt es schon lange. Wenn ich so einen Mann haben sollte, der sich immer Gefahren aussetzt, ich würde im ersten Jahr sterben.

Elisabeth. Dafür dank ich Gott, dass er mich härter zusammengesetzt hat.

Karl. Aber muss dann der Vater ausreiten, wenn's so gefährlich ist?

Maria. Es ist sein Wille.

Elisabeth. Er muss wohl, lieber Karl.

Karl. Warum?

Elisabeth. Weißt du noch, wie er das letzte Mal ausritt, als er dir einen Wecken mitbrachte?

Karl. Bringt er mir wieder etwas mit?

Elisabeth. Ich glaube wohl. Siehst du, da war ein Schneider von Stuttgart, der war ein guter Bogenschütze und hatte in Köln beim Schießen den ersten Preis gewonnen.

Karl. War's viel?

Elisabeth. Hundert Taler[1]. Und danach wollten sie's ihm nicht auszahlen.

Maria. Gelt, das ist böse, Karl?

Karl. Böse Leut!

Elisabeth. Da kam der Schneider zu deinem Vater und bat ihn, er möchte ihm zu seinem Geld verhelfen. Und da ritt er aus und nahm den Kölnern ein paar Kaufleute weg und setzte ihnen so lange zu, bis sie das Geld herausgaben. Wärst du nicht auch ausgeritten?

Karl. Nein! Da muss man durch einen dicken, dicken Wald, sind Zigeuner und Hexen drin.

Elisabeth. Ist ein rechter Bursch, fürchtet sich vor Hexen!

Maria. Karl! Leb du einmal auf deinem Schloss als frommer christlicher Ritter. Auf seinen eigenen Gütern findet man zum Wohltun Gelegenheit genug. Die rechtschaffensten[2] Ritter begehen mehr Ungerechtigkeit als Gerechtigkeit auf ihren Kriegszügen.

Elisabeth. Schwester, du weißt nicht, was du redest. Gebe nur Gott, dass unser Junge mit der Zeit mutiger wird und nicht wird wie Weislingen, der so treulos an meinem Mann handelt.

Maria. Wir wollen nicht richten, Elisabeth. Mein Bruder ist sehr verbittert, du auch. Ich bin bei der ganzen Sache mehr Zuschauer und kann in meinem Urteil gerechter sein.

Elisabeth. Er ist nicht zu entschuldigen.

Maria. Was ich von ihm gehört habe, hat mich für ihn eingenommen. Erzählte nicht selbst dein Mann so viel Liebes und Gutes von ihm! Wie glücklich war ihre Jugend, als sie zusammen Edelknaben des Markgrafen waren!

Elisabeth. Das mag sein. Nur sag, was kann der Mensch je Gutes gehabt haben, der seinen besten Freund bekämpft, seine

1 Taler: (in früheren Zeiten) eine wertvolle Goldmünze
2 rechtschaffen: (im eigentlichen Wortsinn) diejenigen, die Recht schaffen

Dienste den Feinden meines Mannes verkauft und unsern trefflichen Kaiser, der uns so gnädig ist, mit Verleumdungen für sich gewinnen will.

Karl. Der Vater! Der Vater! Der Türmer bläst's Liedel[1]: „Heisa, mach's Tor auf."

Elisabeth. Da kommt er mit Beute.

(Ein Reiter kommt.)

Reiter. Wir haben gejagt! Wir haben gefangen! Gott grüß Euch, edle Frauen.

Elisabeth. Habt ihr den Weislingen?

Reiter. Ihn und drei Reiter.

Elisabeth. Wie ging's zu, dass ihr so lange wegbliebt?

Reiter. Wir lauerten ihm auf zwischen Nürnberg und Bamberg, er wollte nicht kommen, und wir wussten doch, er war auf dem Weg. Endlich kundschafteten wir ihn aus: Er war seitwärts gezogen und saß ruhig beim Grafen auf dem Schwarzenberg.

Elisabeth. Den möchten sie auch gern gegen meinen Mann aufhetzen.

Reiter. Ich sagt's gleich dem Herrn. Auf! Und wir ritten in den Haslacher Wald. Da kommt der Weislingen hergeritten mit vier Knechten.

Maria. Das Herz zittert mir im Leibe.

Reiter. Ich und mein Kamerad, wie's der Herr befohlen hatte, nahmen ihn in unsere Mitte, dass er sich nicht regen noch rühren konnte, und der Herr und der Hans fielen über die Knechte her. Einer ist entwischt.

Elisabeth. Ich bin neugierig ihn zu sehen. Kommen sie bald?

Reiter. Sie reiten das Tal herauf, gleich sind sie hier.

Maria. Weislingen wird niedergeschlagen sein.

Reiter. Finster genug sieht er aus.

1 Der Türmer bläst's Liedel: Der Türmer bläst das Liedchen. (Türmer: derjenige, der auf dem Turm Wache hält.)

Maria. Sein Anblick wird mir im Herzen weh tun.

Elisabeth. Ah! – Ich will gleich das Essen machen. Hungrig werdet ihr doch alle sein.

Reiter. Ja, sehr.

Elisabeth. Nimm den Kellerschlüssel und hol vom besten Wein! Sie haben ihn verdient. *(Ab.)*

Karl. Ich will mit, Tante.

Maria. Komm, Bursch. *(Ab.)*

Reiter. Der wird nicht wie sein Vater, sonst ging' er mit in den Stall!

(Götz, Weislingen, Reitersknechte.)

Götz *(Helm und Schwert auf den Tisch legend)*. Schnallt mir den Harnisch auf und gebt mir mein Wams. Die Bequemlichkeit wird mir gut tun. – Ihr habt uns genug in Atem gehalten, Weislingen.

Weislingen *(antwortet nichts, geht auf und ab)*.

Götz. Seid guten Muts. Kommt, entwaffnet Euch. Wo sind Eure Kleider? Ich hoffe, es soll nichts verloren gegangen sein. *(Zum Knecht.)* Frag seine Knechte und öffnet das Gepäck und seht zu, dass nichts abhanden komme. Ich könnte Euch auch von meinem borgen.

Weislingen. Lasst mich so, es ist alles egal.

Götz. Könnt Euch eine saubere Jacke geben, ist zwar nur aus Leinen. Mir ist sie zu eng geworden. Ich hatt' sie auf der Hochzeit meines gnädigen Herrn des Pfalzgrafen an, eben damals, als Euer Bischof so giftig gegen mich wurde. Ich hatt' ihm, vierzehn Tage vorher, zwei Schiffe auf dem Main weggenommen. Und ich geh mit Franz von Sickingen im Wirtshaus „Zum Hirsch" in Heidelberg die Treppe hinauf. Eh man noch ganz droben ist, ist ein Absatz und ein eisernes Geländer, da stand der Bischof und gab Franz die Hand, wie er vorbeiging, und gab sie mir auch, wie ich hinterdrein kam. Ich lachte in meinem Herzen und ging zum Landgrafen von Hanau, der mir gar ein lieber Herr war, und sagte: „Der Bischof hat mir die Hand gegeben, ich wette, er hat mich nicht erkannt.“ Das hört’ der Bischof, denn ich redete laut mit Absicht, und kam zu uns zornig – und sagte: „Wohl, weil ich Euch nicht erkannt hab, gab ich Euch die Hand.“ Da sagte ich: „Herr, ich merkt’s wohl, dass Ihr mich nicht kanntet, und hiermit habt Ihr Eure Hand zurück.“ Da wurde das Männlein so rot wie ein Krebs vor Zorn und lief in die Stube zu Pfalzgraf Ludwig und dem Fürsten von Nassau und klagte es ihnen. Wir haben nachher oft darüber gelacht.

Weislingen. Ich wollte, Ihr ließet mich allein.

Götz. Warum das? Ich bitte Euch, seid guten Mutes. Ihr seid in meiner Gewalt, und ich werde sie nicht missbrauchen.

Weislingen. Das ist Eure Ritterpflicht.

Götz. Und Ihr wisst, dass sie mir heilig ist.

Weislingen. Ich bin gefangen; das Übrige ist egal.

(Die Knechte mit den Kleidungsstücken. Weislingen zieht sich um. – Karl kommt.)

Karl. Guten Morgen, Vater!

Götz *(küsst ihn)*. Guten Morgen, Junge. Wie habt ihr hier die Zeit gelebt?

Karl. Recht geschickt, Vater! Die Tante sagt: Ich sei recht geschickt.

Götz. So!

Karl. Hast du mir was mitgebracht?

Götz. Diesmal nicht.

Karl. Ich hab viel gelernt.

Götz. Ei!

Karl. Soll ich dir vom frommen Kind erzählen?

Götz. Nach dem Essen.

Karl. Ich weiß noch was.

Götz. Was wird das sein?

Karl. Jagsthausen ist ein Dorf und Schloss an der Jagst[1], gehört seit zweihundert Jahren den Herrn von Berlichingen als vererbbares Eigentum.

Götz. Kennst du den Herrn von Berlichingen?

Karl *(sieht ihn starr an).*

Götz *(zu sich).* Er kennt vor lauter Gelehrsamkeit seinen eigenen Vater nicht. – Wem gehört Jagsthausen?

Karl. Jagsthausen ist ein Dorf und Schloss an der Jagst.

Götz. Das frage ich nicht. – Ich kannte alle Pfade, Wege und Furten[2], eh ich wusste, wie Fluss, Dorf und Burg hießen. – Die Mutter ist in der Küche?

Karl. Ja, Vater! Sie kocht weiße Rüben und einen Lammbraten.

Götz. Weißt du's auch, Hans Küchenmeister?

Karl. Und für mich zum Nachtisch hat die Tante einen Apfel gebraten.

Götz. Kannst du sie nicht roh essen?

Karl. Schmeckt so besser.

Götz. Du musst immer was Besonderes haben. – Weislingen! ich bin gleich wieder bei Euch. Ich muss meine Frau doch sehen. Komm mit, Karl.

Karl. Wer ist der Mann?

Götz. Grüß ihn. Bitte ihn, er soll lustig sein.

Karl. Da, Mann! Hier hast du meine Hand, sei lustig, das Essen ist bald fertig.

Weislingen *(hebt ihn in die Höhe und küsst ihn).* Glückliches Kind, das kein Übel kennt, als wenn die Suppe lange ausbleibt! Gott lass Euch viel Freude am Knaben erleben, Berlichingen.

Götz. Wo viel Licht ist, ist starker Schatten. – Wollen sehen, was es zu essen gibt. *(Sie gehen.)*

1 Jagst: ein kleiner Fluss
2 Furt: seichte Stelle, wo man einen Fluss überqueren kann

Weislingen. O dass ich aufwachte, und das alles wäre ein Traum! In Berlichingens Gewalt! Von dem ich mich losgelöst hatte, dessen Andenken ich vermied wie das Feuer, den ich hoffte zu überwältigen! Und er – der alte treuherzige Götz! Heiliger Gott, was wird aus dem allen werden? Zurückgebracht, Adelbert[1], in den Saal, wo wir als Buben unsere Jagd trieben – wo du[2] ihn liebtest, an ihm hingst, wie an deiner Seele. Wer kann sich ihm nähern und ihn hassen? Glückselige Zeiten, ihr seid vorbei, als noch der alte Berlichingen am Kamin saß, als wir um ihn herum spielten und uns liebten wie die Engel. – Wie wird sich der Bischof ängstigen und meine Freunde. Ich weiß, das ganze Land nimmt Anteil an meinem Unglück.

Götz *(mit einer Flasche Wein und einem Becher).* Bis das Essen fertig wird, wollen wir einen Becher Wein trinken. Kommt, setzt Euch, tut, als wenn Ihr zu Hause wärt! Denkt, Ihr seid einmal wieder beim Götz. Haben doch lange nicht beisammengesessen, lange keine Flasche miteinander geleert. *(Bringt's ihm.)* Ein fröhliches Herz!

Weislingen. Die Zeiten sind vorbei.

Götz. Behüte Gott! Zwar vergnügtere Tage werden wir wohl nicht wieder erleben als an dem Hof des Markgrafen, als wir noch zusammen schliefen und miteinander umherzogen. Ich erinnere mich mit Freuden meiner Jugend. Wir hielten immer redlich zusammen als gute brave Jungen, das wusste jeder. *(Schenkt ein.)* Kastor und Pollux! Mir tat's immer im Herzen wohl, wenn uns der Markgraf so nannte.

Weislingen. Der Bischof von Würzburg hatte den Einfall.

Götz. Das war ein gelehrter Herr, und dabei so freundlich. Ich erinnere mich an ihn, solange ich lebe, wie er uns liebte, unsere Eintracht lobte.

1 Weislingen heißt mit Vornamen Adelbert.
2 Weislingen spricht zu sich selber.

Weislingen. Nichts mehr davon!

Götz. Warum nicht? Nach der Arbeit wüsste ich nichts Angenehmeres, als mich an das Vergangene zu erinnern. Freilich, wenn ich bedenke, wie wir Lieb und Leid zusammen trugen, einander alles waren, und wie ich damals glaubte, so sollt's in unserm ganzen Leben sein! War das nicht all mein Trost, als mir diese Hand weggeschossen wurde vor Landshut und du mich pflegtest und mehr als ein Bruder für mich sorgtest? Ich hoffte, Adelbert wird künftig meine rechte Hand sein. Und nun –

Weislingen. Oh.

Götz. Bist du nicht ebenso frei, so edel geboren wie andere in Deutschland, unabhängig, nur dem Kaiser untertan – und du fügst dich unter die Höflinge? Was hast du von dem Bischof? Weil er dein Nachbar ist? Weil er dir schaden könnte?

Weislingen. Lass mich reden.

Götz. Was hast du zu sagen?

Weislingen. Du siehst die Fürsten an, wie der Wolf den Hirten. Und doch, kannst du es ihnen vorwerfen, wenn sie ihrer Leute und Länder Bestes bewahren? Sind sie denn einen Augenblick vor den ungerechten Rittern sicher, die ihre Untertanen auf den Landstraßen überfallen, ihre Dörfer und Schlösser zerstören? Ist's nicht ein guter Geist, der ihnen rät, nach Möglichkeiten zu

Kastor und Pollux

In der griechischen Sage zwei Brüder, Söhne des Zeus, die sich innig liebten. Kastor war vor allem Rossbändiger, Pollux Faustkämpfer. Sie gelten auch als Morgen- und Abendstern.

INFO

suchen, um Deutschland zu befrieden, Recht und Gerechtigkeit zu fördern, um einen jeden, Großen und Kleinen, die Vorteile des Friedens genießen zu lassen?

Götz. Ja! Ja! Ich verstehe! Weislingen, wären die Fürsten, wie Ihr sie schildert, wir hätten alle, was wir wollten. Ruh und Frieden! Ich glaub's wohl! Den wünscht jeder Raubvogel, um die Beute in Ruhe zu verzehren. Das Wohl eines jeden! Wenn sie sich nur darum graue Haare wachsen ließen! Und mit unserm Kaiser spielen sie auf eine unanständige Art. Er meint's gut und möchte die Verhältnisse im Reich gern verbessern. Nur was den Fürsten in ihren Kram passt, da sind sie hinterher und reden hochtrabend von Ruh und Sicherheit des Reichs, bis sie uns Kleine unterdrückt haben. Ich will darauf schwören, es dankt mancher in seinem Herzen Gott, dass der Türke dem Kaiser die Waage hält.

Weislingen. Ihr seht's von Eurer Seite.

Götz. Das tut jeder.

Weislingen. Ihr dürft reden, ich bin der Gefangene.

Götz. Ich bin euch ein Dorn im Auge, so klein ich bin, und der Sickingen und Selbitz nicht weniger, weil wir fest entschlossen sind, eher zu sterben, als jemandem die Luft zu verdanken – außer Gott und dem Kaiser. Da ziehen sie nun um mich herum, schwärzen mich bei Ihro Majestät dem Kaiser an. Aus dem Wege wollen sie mich haben. Und du, Weislingen, bist ihr Werkzeug!

Weislingen. Berlichingen!

Götz. Kein Wort mehr davon! Ich bin ein Feind von Diskussionen.

Karl. Zu Tisch, Vater.

Götz. Fröhliche Botschaft! – Kommt! Ich hoffe, meine Weibsleute sollen Euch munter machen. Kommt! *(Ab.)*

1. Der Reiter sagt über den kleinen Karl: „Der wird nicht wie sein Vater". Was erfahren wir über den Jungen?
2. Wie versucht Götz mit dem gefangenen Weislingen ins Gespräch zu kommen?
3. Welche politischen Ansichten hat Weislingen?

1.4 Im bischöflichen Palast zu Bamberg

Im Speisesaal des bischöflichen Schlosses zu Bamberg sitzen der Bischof und der dicke Abt von Fulda mit ihren Höflingen und trinken Wein aus großen Pokalen[1]. Sie reden über die Möglichkeit, das Rechtswesen im Reich zu verbessern. Dabei zeigt der Abt von Fulda, dass er völlig ungebildet ist und auch kein Latein kann. Olearius ist ein Rechtsgelehrter. Der Liebetraut spielt die Rolle eines Hofnarren in Bamberg.

Olearius *(zum Bischof)*. Was spricht man vom Türkenzug, Ihro Fürstliche Gnaden?
Bischof. Der Kaiser hat nichts Wichtigeres, als zunächst das Reich zu beruhigen, die Fehden abzuschaffen und das Ansehen

1 Pokal: sieht aus wie ein Kelch, ist aus Edelmetall oder Glas

Türken
1453 hatten die Türken Konstantinopel erobert.
1529 stießen sie bis Wien, der Hauptstadt des Kaisers, vor.
1683 wurde Wien zum zweiten Mal belagert und konnte sich nur mit Mühe verteidigen. – Für die Kriege gegen die Türken brauchte der Kaiser viel Geld von den Landesfürsten und wurde so immer abhängiger von ihnen.

INFO

der Gerichte zu festigen. Dann, sagt man, wird er persönlich gegen die Feinde des Reichs und der Christenheit ziehen. Jetzt ist das Reich noch immer eine Mördergrube. Franken, Schwaben, der Oberrhein und die angrenzenden Länder werden von übermütigen und kühnen Rittern verheert. Sickingen, Selbitz mit einem Fuß, Berlichingen mit der eisernen Hand verspotten in diesen Gegenden das kaiserliche Ansehen –

Abt. Ja, wenn Ihro Majestät nicht bald was tun, dann stecken einen die Kerle am End in den Sack.

Liebetraut. Das müsste ein Kerl sein, der das Weinfass von Fulda[1] in den Sack schieben wollte.

Bischof. Besonders der Berlichingen ist seit vielen Jahren mein unversöhnlicher Feind. Aber es wird nicht mehr lange dauern, hoff ich. Der Kaiser hält sich jetzt in Augsburg auf. Wir haben unsere Maßregeln getroffen. – Herr Doktor, kennt Ihr Adelbert von Weislingen?

Olearius. Nein, Ihro Eminenz.[2]

Bischof. Wenn Ihr die Ankunft dieses Mannes abwartet, werdet Ihr Euch freuen, den edelsten, verständigsten und angenehmsten Ritter in einer Person zu sehen.

Olearius. Es muss ein vortrefflicher Mann sein, der solche Lobsprüche aus solch einem Munde verdient.

(Die Diener laufen ans Fenster.)

Bischof. Was gibt's?

Ein Diener. Eben reitet Färber, Weislingens Knecht, zum Schlosstor herein.

Bischof. Seht, was er bringt, er wird ihn melden.

(Liebetraut geht. Sie stehen auf und trinken noch eins. – Liebetraut kommt zurück.)

Bischof. Was für Nachrichten?

1 das Weinfass von Fulda: den dicken Abt
2 Ihro Eminenz: Anrede für einen hohen geistlichen Würdenträger

Liebetraut. Ich wollte, es müsste sie Euch ein andrer sagen. Weislingen ist gefangen.

Bischof. Oh!

Liebetraut. Berlichingen hat ihn und drei Knechte bei Haslach gefangen genommen. Einer ist entkommen, um es Euch zu melden.

Abt. Eine Hiobsbotschaft.[1]

Olearius. Es tut mir von Herzen Leid.

Bischof. Ich will den Knecht sehen, bringt ihn herauf. – Ich will ihn selbst sprechen. Bringt ihn in mein Dienstzimmer. *(Ab.)*

Abt *(setzt sich)*. Noch einen Schluck.

(Die Knechte schenken ein.)

Olearius. Belieben Ihro Hochwürden nicht einen kleinen Spaziergang im Garten zu machen? Post coenam stabis, seu passus mille meabis.[2]

Liebetraut. Wahrhaftig, das Sitzen ist für Euch nicht gesund. Ihr kriegt noch einen Schlaganfall.

Abt *(steht mit großer Mühe auf)*.

1 Hiobsbotschaft: Unglücksbotschaft
2 Lateinisch: Nach dem Essen sollst du ruhn oder tausend Schritte tun.

1. Welchen Eindruck gewinnst du von dem Bischof und dem Abt?
2. Welche Hiobsbotschaft erhalten sie?

1.5 Jagsthausen

Maria. Weislingen.

Maria. Ihr liebt mich, sagt Ihr. Ich glaub es gern und hoffe mit Euch glücklich zu sein und Euch glücklich zu machen.

Weislingen. Ich fühle, dass ich ganz dein bin. *(Er umarmt sie.)*

Maria. Ich bitte Euch, lasst mich los. Einen Kuss hab ich Euch als Gottespfennig[1] erlaubt; Ihr scheint aber schon von dem Besitz nehmen zu wollen, was erst nach der Hochzeit Euer ist.

Weislingen. Ihr seid zu streng, Maria! Unschuldige Liebe erfreut die Gottheit, statt sie zu beleidigen.

Maria. Es sei! Aber ich bin nicht dadurch erfreut. Man lehrte mich: Liebkosungen sind wie Ketten, und Mädchen, wenn sie lieben, sind schwächer als Simson nach Verlust seiner Locken.

Weislingen. Wer lehrte Euch das?

Maria. Die Äbtissin meines Klosters. Bis in mein sechzehntes Jahr war ich bei ihr und nur mit Euch empfinde ich das Glück, das ich in ihrem Umgang genoss. Sie hatte geliebt und konnte reden. Sie hatte ein Herz voll Empfindung! Sie war eine vortreffliche Frau.

Weislingen. Da glich sie dir! *(Er nimmt ihre Hand.)* Wie wird mir's werden, wenn ich Euch verlassen soll!

Maria *(zieht ihre Hand zurück)*. Ein bisschen eng ums Herz,

1 Gottespfennig: (hier:) Gabe zur Besiegelung eines Verlöbnisses

INFO

Simson

Simson (oder: Samson) ist ein Held des Alten Testaments, Buch der Richter, Kapitel 13–16.
Er war außergewöhnlich stark. Erst als ihm seine Haare geschoren wurden, war er schwach wie ein gewöhnlicher Mensch.

hoffe ich, denn ich weiß, wie's mir sein wird. Aber Ihr müsst fort.

Weislingen. Ja, meine Teuerste, und ich will. Gesegnet sei dein Bruder und der Tag, an dem er auszog mich zu fangen!

Maria. Sein Herz war voll Hoffnung für ihn und dich. „Lebt wohl!", sagt' er beim Abschied, „ich will sehen, dass ich ihn wiederfinde."

Weislingen. Er hat's. Ich wünschte, ich hätte die Verwaltung meiner Güter und ihre Sicherheit nicht durch das lästige Hofleben so vernachlässigt! Du könntest gleich die Meinige sein.

Maria. Auch das Warten hat seine Freuden.

Weislingen. Sag das nicht, Maria, ich müsste sonst fürchten, du empfindest weniger stark als ich. Doch ich büße verdient; und welche Hoffnungen werden mich auf jedem Schritt begleiten! Ganz der Deine zu sein, nur bei dir und in dem Kreis von guten Menschen zu leben, von der Welt entfernt, getrennt, alle Wonne zu genießen, die zwei Herzen einander geben! Was ist die Gnade des Fürsten, was der Beifall der Welt gegen dieses einfache Glück?

(Götz kommt.)

Götz. Euer Diener ist wieder da. Er konnte vor Müdigkeit und Hunger kaum etwas sagen. Meine Frau gibt ihm zu essen. – Adelbert, Ihr seid frei; ich verlange weiter nichts als Euer Versprechen, dass Ihr zukünftig meinen Feinden weder öffentlich noch heimlich Hilfe leisten werdet.

Weislingen. Hier fasse ich Eure Hand. Lasst von diesem Augenblick an Freundschaft und Vertrauen zwischen uns sein! Erlaubt mir zugleich diese Hand zu fassen *(er nimmt Marias Hand)* und das edelste Fräulein zu besitzen.

Götz. Darf ich „ja" für dich sagen, Maria?

Maria. Wenn du es mit mir sagst.

Götz. Es ist ein Glück, dass unsere Interessen diesmal die gleichen sind. Du brauchst nicht rot zu werden, Maria. Deine Blicke sind Beweis genug. Ja denn, Weislingen! Gebt Euch die Hände und so spreche ich „Amen“! – Mein Freund und Bruder! – Ich danke dir, Schwester! Du hast einen Faden gedreht, um diesen Paradiesvogel zu fesseln. – Du[1] sollst jetzt fort, dein Schloss und deine Güter in Ordnung zu bringen. Der verdammte Hof[2] hat dich beides vernachlässigen lassen. Ich muss meine Frau rufen. Elisabeth!

Götz *(zu Maria)*. Du wirst in einer schönen Gegend wohnen.

Maria. Franken ist ein gesegnetes Land.

Weislingen. Und ich darf wohl sagen, mein Schloss liegt in der gesegnetsten und schönsten Gegend.

(Elisabeth kommt.)

Elisabeth. Was wollt ihr?

Götz. Du sollst deine Hand auch dazu geben und sagen: „Gott segne euch!“ Sie sind ein Paar.

Elisabeth. So geschwind!

Götz. Aber nicht unerwartet.

Elisabeth. Möget Ihr Euch immer so nach ihr sehnen wie bisher, als Ihr um sie warbt! Und dann! Möchtet Ihr so glücklich sein, wie Ihr sie lieb behaltet!

Weislingen. Amen! Ich begehre kein anderes Glück.

Götz. Der Bräutigam, meine liebe Frau, macht eine kleine Reise; denn die große Veränderung zieht viel kleinere nach sich. Er entfernt sich zuerst vom bischöflichen Hof, um diese Freundschaft nach und nach erkalten zu lassen. Dann nimmt er seine Güter eigennützigen Pächtern aus den Händen. Und – kommt, Schwester, komm, Elisabeth! Wir wollen ihn allein lassen. Sein Diener hat ohne Zweifel geheime Aufträge an ihn.

(Die drei gehen weg.)

1 Er spricht zu Weislingen.
2 Hof: Hier ist der Hof des Bischofs von Bamberg gemeint.

Weislingen. Gott im Himmel! Konntest du mir Unwürdigem solch eine Seligkeit bereiten? Es ist zu viel für mein Herz. Wie ich doch bisher von elenden Menschen abhing, von Fürsten und Bischöfen, die ich zu beherrschen glaubte! Götz, teurer Götz, du hast mich mir selbst wiedergegeben, und du Maria, vollendest meine Sinnesänderung. Ich fühle mich so frei wie in heiterer Luft. Bamberg will ich nicht mehr sehen. Ganz gewiss ist nur der glücklich und groß, der weder zu herrschen noch zu gehorchen braucht!

(Franz tritt auf.)

Franz. Gott grüß Euch, gestrenger Herr! Ich bringe Euch so viel Grüße, dass ich nicht weiß, wo anzufangen. Bamberg und zehn Meilen in der Runde entbieten Euch ein tausendfaches: Gott grüß Euch!

Weislingen. Willkommen, Franz! Was bringst du mehr?

Franz. Ihr seid angesehen bei Hof und überall, dass man es kaum ausdrücken kann.

Weislingen. Das wird nicht mehr lange dauern.

Franz. So lang Ihr lebt! Wie man sich Euer Unglück zu Herzen nahm!

Weislingen. Was sagte der Bischof?

Franz. Er war so begierig alles zu wissen, dass er mir kaum Zeit für Antworten auf seine Fragen ließ. Er wusste es zwar schon; denn Färber, der von Haslach entkommen war, hatte ihm die Botschaft schon gebracht. Aber er wollte alles wissen. Er fragte so ängstlich, ob Ihr nicht verletzt wärt? Ich sagte: „Er ist ganz, von der äußersten Haarspitze bis zum Nagel des kleinen Zehs."

Weislingen. Was sagte er?

Franz. Er sagte mir hundert Sachen für Euch – ich hab sie wieder vergessen. Es war eine lange Predigt über die Worte: „Ich kann Weislingen nicht entbehren."

Weislingen. Er wird's lernen müssen!

Franz. Was meint Ihr? Er sagte: „Mach, dass er sich beeilt, es wartet alles auf ihn."

Weislingen. Es kann warten. Ich gehe nicht mehr zurück an den Hof.

Franz. Nicht an den Hof? Herr! Was kommt Euch in den Sinn? Wenn Ihr wüsstet, was ich weiß. Wenn Ihr nur träumen könntet, was ich gesehen habe.

Weislingen. Was hast du?

Franz. Nur von der bloßen Erinnerung gerate ich außer mir. Bamberg ist nicht mehr Bamberg, ein Engel in Frauengestalt macht es zum Vorhof des Himmels.

Weislingen. Nichts weiter?

Franz. Ich will ein Pfaff werden, wenn Ihr sie seht und nicht den Verstand verliert.

Weislingen. Wer ist's denn?

Franz. Adelheid von Walldorf.

Weislingen. Die! Ich habe viel von ihrer Schönheit gehört.

Franz. Gehört? Das ist so, als wenn Ihr sagtet: „Ich habe die Musik gesehen." Es ist der Sprache ganz unmöglich, den kleinsten Teil ihrer Vollkommenheiten auszudrücken. Das Auge kann in ihrer Gegenwart nicht genug sehen.

Weislingen. Du bist nicht gescheit.

Franz. Das kann wohl sein. Das letzte Mal, als ich sie sah, war ich von Sinnen wie ein Betrunkener. Oder vielmehr, kann ich sagen, ich fühlte in dem Augenblick, wie's den Heiligen bei himmlischen Erscheinungen sein mag.

Weislingen. Das ist seltsam.

Franz. Als ich von dem Bischof Abschied nahm, saß sie bei ihm. Sie spielten Schach. Er war sehr gnädig, reichte mir seine Hand zu küssen und sagte mir vieles, wovon ich nichts mitbekam. Denn ich sah seine Nachbarin, sie hatte ihr Auge aufs Schachbrett geheftet. Ein feiner lauernder Zug um Mund und Wange! Ich hätt' der elfenbeinerne König sein mögen. Adel und

Freundlichkeit herrschten auf ihrer Stirn. Und das blendende Licht des Gesichts und des Busens, wie es von den dunklen Haaren hervorgehoben wurde!

Weislingen. Du bist darüber gar zum Dichter geworden.

Franz. Wie der Bischof endigte und ich mich neigte, sah sie mich an und sagte: „Auch von mir einen Gruß unbekannterweise! Sag ihm, er soll ja bald kommen. Es warten neue Freunde auf ihn; er soll sie nicht verachten, auch wenn er schon viele alte Freunde hat." – Ich wollte etwas antworten, aber meine Zunge war wie gelähmt, ich verneigte mich. Ich hätte mein Vermögen gegeben, die Spitze ihres kleinen Fingers küssen zu dürfen! Wie ich so stand, warf der Bischof einen Bauern herunter, ich bückte mich danach und berührte beim Aufheben den Saum ihres Kleides. Das fuhr mir durch alle Glieder, und ich weiß nicht, wie ich zur Tür hinausgekommen bin.

Weislingen. Ist ihr Mann bei Hofe?

Franz. Sie ist schon seit vier Monaten Witwe. Um sich zu zerstreuen, hält sie sich in Bamberg auf. Ihr werdet sie sehen. Wenn sie einen ansieht, ist's, als wenn man in der Frühlingssonne stünde.

Weislingen. Es würde eine schwächere Wirkung auf mich haben.

Franz. Ich höre, Ihr seid so gut wie verheiratet.

Weislingen. Ich wollte, ich wär's. Meine sanfte Marie wird das Glück meines Lebens ausmachen. Ihre süße Seele spiegelt sich in ihren blauen Augen. Und wie ein Engel des Himmels, gebildet aus Unschuld und Liebe, leitet sie mein Herz zur Ruhe und Glückseligkeit. Pack zusammen! Und dann auf mein Schloss! Ich will Bamberg nicht sehen! *(Geht ab.)*

Franz. Das verhüte Gott! Wollen das Beste hoffen! Maria ist liebreich und schön, und einem Gefangenen und Liebeskranken kann ich's nicht übel nehmen, wenn er sich in sie verliebt. In ihren Augen ist Trost. – Aber um dich, Adelheid, ist Leben,

Feuer, Mut – Ich würde! – Ich bin ein Narr – dazu machte mich *ein* Blick von ihr. Mein Herr muss hin! Ich muss hin! Und da will ich gaffen, bis ich entweder gescheit oder völlig verrückt werde.

1. Wie hat sich das Verhältnis zwischen Maria und Weislingen entwickelt?
2. Was will Weislingen in naher Zukunft tun?
3. Franz berichtet von Adelheid von Walldorf. Was erfahren wir über sie?

Zweiter Akt

2.1 Bamberg. Ein Saal

Der Bischof und die schöne Adelheid spielen Schach. Adelheid gewinnt. Liebetraut, ein Höfling, unterhält die beiden mit Gesang und Scherzen. Der Bischof denkt nur an Weislingen.

Bischof *(Zu Liebetraut)*. Er will nicht kommen, sagtet Ihr!
Adelheid. Ich bitte Euch, schlagt's Euch aus dem Sinn.
Bischof. Was mag der Grund sein?
Liebetraut. Was? Die Ursachen lassen sich herunterbeten wie ein Rosenkranz. Er ist in eine Art von Zerknirschung gefallen, von der ich ihn leicht heilen könnte.
Bischof. Tut das, reitet zu ihm.
Liebetraut. Mein Auftrag?

Bischof. Er soll unumschränkt sein. Spare nichts, wenn du ihn zurückbringst.

Liebetraut. Darf ich auch von Euch sprechen, gnädige Frau?

Adelheid. Mit Bescheidenheit.

Liebetraut. Das ist ein weit gefasster Auftrag.

Adelheid. Kennt Ihr mich so wenig oder seid Ihr zu jung, um nicht zu wissen, in welchem Ton Ihr mit Weislingen von mir zu reden habt?

Liebetraut. Im Ton einer Wachtelpfeife[1], denk ich.

Adelheid. Ihr werdet nie gescheit werden!

Liebetraut. Wird man das, gnädige Frau?

1 Wachtelpfeife: Man brauchte sie früher, um Vögel bei der Jagd anzulocken.

Bischof. Geht, geht. Nehmt das beste Pferd aus meinem Stall, wählt Euch Knechte und schafft ihn mir her!

Liebetraut. Wenn ich ihn nicht herzaubere, so sagt: Ein altes Weib, das Warzen und Sommersprossen vertreibt, versteht mehr von Zauberei als ich.

Bischof. Berlichingen hat ihn ganz für sich eingenommen. Wenn er herkommt, wird er wieder fort wollen.

Liebetraut. Wollen – das ist keine Frage, aber ob er kann. Der Händedruck eines Fürsten und das Lächeln einer schönen Frau! Da reißt sich kein Weisling[1] los. Ich eile und empfehle mich zu Gnaden.

Bischof. Reist wohl.

Adelheid. Adieu.

(Er geht.)

Bischof. Wenn Weislingen erst einmal hier ist, verlasse ich mich auf Euch.

Adelheid. Wollt Ihr mich als Leimrute[2] gebrauchen?

Bischof. Nicht doch.

Adelheid. Zum Lockvogel denn?

Bischof. Nein, den spielt Liebetraut. Ich bitte Euch, versagt mir nicht, was mir sonst niemand gewähren kann.

Adelheid. Wollen sehen.

1 Der Weisling ist ein Fisch. Gemeint ist hier: Da reißt sich kein Fisch vom Angelhaken los.
2 Eine Leimrute wurde zum Vogelfangen gebraucht.

1. Wie will der Bischof den Weislingen wieder an seinen Hof holen?
2. Wie will er ihn dort halten?

2.2 Jagsthausen

Götz hat einen neuen Streit mit der freien Reichsstadt Nürnberg. Er berät sich mit Hans von Selbitz.

Selbitz. Ich höre, Weislingen ist wieder auf Eurer Seite. Verbündet er sich mit uns?

Götz. Noch nicht; es hat seine Gründe, warum er uns noch nicht öffentlich Hilfe leistet. Doch ist's für eine Weile genug, dass er nicht gegen uns ist. Der Bischof ist ohne ihn, was das Messgewand ohne den Pfaffen ist.

Selbitz. Wann ziehen wir los?

Götz. Morgen oder übermorgen. Es kommen jetzt bald Kaufleute von Bamberg und Nürnberg von der Frankfurter Messe. Wir werden einen guten Fang machen.

Selbitz. Will's Gott. *(Ab.)*

2.3 Bamberg. Zimmer der Adelheid

Adelheid. Kammerfräulein.

Adelheid. Er ist da!, sagst du. Ich kann es kaum glauben.

Fräulein. Wenn ich ihn nicht selbst gesehen hätte, würde ich sagen, ich zweifle.

Adelheid. Den Liebetraut mag der Bischof in Gold einfassen[1]: Er hat ein Meisterstück vollbracht.

Fräulein. Ich sah ihn, wie er zum Schloss hereinreiten wollte. Er saß auf einem Schimmel. Das Pferd scheute, als es an die Zugbrücke kam, und wollte nicht von der Stelle. Das Volk kam aus allen Straßen gelaufen, um ihn zu sehen. Mit Schmeicheln und

1 Wie einen Edelstein in Gold einfassen

Drohen brachte er es endlich zum Tor herein, der Liebetraut kam mit und einige Knechte.

Adelheid. Wie gefällt er dir?

Fräulein. Wie mir noch kein Mann gefallen hat. Er glich dem Kaiser hier *(sie zeigt auf Maximilians Porträt),* als wenn er sein Sohn wäre. Die Nase nur etwas kleiner, ebenso freundliche hellbraune Augen, ebenso blondes schönes Haar und gewachsen wie eine Statue. Ein etwas trauriger Zug in seinem Gesicht – ich weiß nicht – gefiel mir gut!

Adelheid. Ich bin neugierig ihn zu sehen.

Fräulein. Das wäre ein Ehemann für Euch.

Adelheid. Närrin!

Fräulein. Kinder und Narren[1] –

(Liebetraut kommt.)

Liebetraut. Nun, gnädige Frau, was habe ich verdient?

Adelheid. Hörner von deinem Weibe[2]. Denn nach dem zu urteilen, habt Ihr schon manches ehrliche Hausweib zur Untreue überredet.

Liebetraut. Nicht doch, gnädige Frau!

Adelheid. Wie habt Ihr's geschafft, ihn herzubringen?

Liebetraut. Ihr wisst zu gut, wie man Schnepfen fängt; soll ich Euch meine Kunststückchen noch zusätzlich lehren? – Erst tat ich, als wüsste ich nichts, könnte sein Verhalten nicht verstehen, und veranlasste ihn dadurch, die ganze Geschichte zu erzählen. Die sah ich nun gleich von einer ganz andern Seite als er, konnte nicht finden – nicht einsehen – und so weiter. Dann redete ich von Bamberg allerlei durcheinander, Großes und Kleines, weckte gewisse alte Erinnerungen, und wie ich seine Einbildungskraft beschäftigt

1 Das Sprichwort lautet: Kinder und Narren sagen die Wahrheit.
2 Wenn eine Frau einen Mann betrügt, dann sagt man, sie setzt ihm Hörner auf.

hatte, knüpfte ich wirklich eine Menge Fädchen wieder an, die ich zerrissen fand. Er wusste nicht, wie ihm geschah, fühlte plötzlich wieder den Wunsch, nach Bamberg zu kommen, er wollte – ohne zu wollen. Wie er nun mit sich zu Rate ging und viel zu beschäftigt war, um auf sich Acht zu geben, da warf ich ihm ein Seil um den Hals, aus drei mächtigen Stricken aus Weiber-, Fürstengunst und Schmeichelei gedreht, und so hab ich ihn hergeschleppt.

Adelheid. Was sagtet Ihr von mir?

Liebetraut. Die reine Wahrheit. Ihr hättet wegen Eurer Güter Schwierigkeiten – hättet gehofft, weil er beim Kaiser so viel gelte, werde er das leicht gut beenden können.

Adelheid. Gut.

Liebetraut. Der Bischof wird ihn Euch bringen.

Adelheid. Ich erwarte sie. *(Liebetraut ab.)* Mit einem Herzen, wie ich selten Besuch erwartet habe.

1. Welchen Eindruck hat Weislingen auf das Kammerfräulein gemacht?
2. Wie hat es Liebetraut geschafft, Weislingen wieder nach Bamberg zu bringen?

2.4 Im Spessart

Berlichingen. Selbitz. Georg als Reiterknecht.

Götz. Du hast ihn nicht angetroffen, Georg!

Georg. Er war tags zuvor mit Liebetraut nach Bamberg geritten und zwei Knechte mit ihm.

Götz. Ich verstehe nicht, was das soll.

Selbitz. Ich wohl. Eure Versöhnung war ein wenig zu schnell, als dass sie dauerhaft hätte sein können. Der Liebetraut ist ein pfiffiger Kerl; von dem hat er sich beschwatzen lassen.

Götz. Glaubst du, dass er wortbrüchig wird?

Selbitz. Der erste Schritt ist getan.

Götz. Ich glaube es nicht. Wer weiß, wie nötig es war, an den Hof zu gehen; man ist ihm noch Geld schuldig; wir wollen das Beste hoffen.

Selbitz. Wollte Gott, er verdiente es!

Götz. Mir fällt eine List ein. Wir wollen Georg den erbeuteten Kittel des Bamberger Reiters anziehen; er soll nach Bamberg reiten und sehen, wie's steht.

Georg. Darauf habe ich lange gehofft.

Götz. Es ist dein erster Ritt. Sei vorsichtig, Knabe! Mir wäre es leid, wenn dir ein Unglück passieren würde.

Georg. Lasst nur, mich ängstigt es nicht, wenn noch so viele um mich herumkrabbeln, mir ist's, als wenn's Ratten und Mäuse wären. *(Ab.)*

2.5 Bamberg

Bischof. Weislingen.

Bischof. Du willst dich hier nicht länger halten lassen!

Weislingen. Ihr werdet nicht verlangen, dass ich meinen Eid brechen soll.

Bischof. Ich hätte verlangen können, du solltest ihn gar nicht schwören. Was für ein Geist regierte dich? Hätte ich dich nicht ohne den Eid befreien können? Gelte ich so wenig am Kaiserlichen Hofe?

Weislingen. Es ist geschehen; verzeiht mir, wenn Ihr könnt.

Bischof. Ich begreife nicht, was nur im Geringsten dich veranlasste, den Schritt zu tun! Sich von mir abzuwenden! Gab es denn nicht hundert andere Möglichkeiten, um von ihm loszukommen? Hätte ich nicht genug Geld gegeben und ihn wieder beruhigt? – Ach, ich sollte daran denken, dass ich mit seinem Freunde rede.

Weislingen. Gnädiger Herr!

Bischof. Und doch – wenn ich wieder dein Angesicht sehe, deine Stimme höre. – Es ist nicht möglich, nicht möglich.

Weislingen. Lebt wohl, gnädiger Herr.

Bischof. Ich gebe dir meinen Segen. Sonst, wenn du gingst, sagte ich: „Auf Wiedersehn!" Jetzt – wollte Gott, wir sähen uns nie wieder!

Weislingen. Es kann sich vieles ändern.

Bischof. Vielleicht sehe ich dich noch einmal, als Feind vor meinen Mauern, die Felder verheeren, die ihren blühenden Zustand jetzt dir danken.

Weislingen. Nein, gnädiger Herr.

Bischof. Du kannst nicht nein sagen. Die weltlichen Herren, meine Nachbarn, haben alle einen Zahn auf mich[1]. Solange ich dich hatte – Geht, Weislingen! Ich habe Euch nichts mehr zu sagen. Ihr habt vieles zunichte gemacht. Geht!

Weislingen. Und ich weiß nicht, was ich sagen soll.

(Bischof ab. – Franz tritt auf.)

Franz. Adelheid erwartet Euch. Es geht ihr nicht gut. Und doch will sie Euch nicht ohne Abschied gehen lassen.

Weislingen. Komm.

Franz. Gehen wir denn gewiss weg von hier?

Weislingen. Noch diesen Abend. –

Franz. Mir ist, als wenn ich aus der Welt müsste.

Weislingen. Mir auch und noch dazu, als wüsste ich nicht wohin.

1 haben einen Zahn auf mich: sind mir feindlich gesonnen

2.6 Adelheids Zimmer

Adelheid. Fräulein.

Fräulein. Ihr seht blass aus, gnädige Frau.

Adelheid. – Ich lieb ihn nicht und wollte doch, dass er bliebe. Siehst du, ich könnte mit ihm leben, obgleich ich ihn nicht zum Mann haben wollte.

Fräulein. Glaubt Ihr, er geht?

Adelheid. Er ist zum Bischof, um Lebewohl zu sagen.

Fräulein. Er hat danach noch einen schweren Stand.

Adelheid. Wie meinst du das?

Fräulein. Was fragt Ihr, gnädige Frau? Ihr habt sein Herz geangelt und wenn er sich losreißen will, verblutet er.

(Adelheid. Weislingen.)

Weislingen. Ihr seid nicht wohl, gnädige Frau?

Adelheid. Das kann Euch egal sein. Ihr verlasst uns, verlasst uns auf immer. Was fragt Ihr, ob wir leben oder sterben.

Weislingen. Ihr verkennt mich.

Adelheid. Ich nehme Euch, wie Ihr Euch gebt.

Weislingen. Der Anschein trügt.

Adelheid. So seid Ihr ein Chamäleon[1]?

Weislingen. Wenn Ihr mein Herz sehen könntet!

Adelheid. Schöne Sachen würden mir vor die Augen kommen.

Weislingen. Gewiss! Ihr würdet Euer Bild drin finden.

Adelheid. In irgendeinem Winkel bei den anderen Porträts. Ich bitte Euch, Weislingen, bedenkt, Ihr redet mit mir. Ihr leugnet Eure Handlungen nicht und redet das Gegenteil; was soll man von Euch halten?

Weislingen. Was Ihr wollt.

Adelheid. Ihr kommt, um Abschied zu nehmen.

1 Chamäleon: ein Reptil, das seine Hautfarbe nach seiner jeweiligen Umgebung ändert

Weislingen. Erlaubt mir Eure Hand zu küssen, und ich will sagen: Lebt wohl. – Ich bin lästig, gnädige Frau?
Adelheid. Ihr versteht es falsch: Ich wollte Euch den Fortgang erleichtern; denn Ihr wollt fort.
Weislingen. O sagt: Ich *muss.* Zöge mich nicht die Ritterpflicht, der heilige Handschlag –

Adelheid. Geht! Geht! Erzählt das den Mädchen, die den „Theuerdank"[1] gelesen und sich solch einen Mann wünschen. Ritterpflicht, das ist doch Kinderei!

Weislingen. So denkt Ihr nicht wirklich.

Adelheid. Ihr verstellt Euch! Was habt Ihr versprochen? Und wem? Einem Mann, der seine Pflicht gegen den Kaiser und das Reich missachtet. Euer Eid war erzwungen und ist ungültig. Erzählt das Kindern, die an den Rübezahl[2] glauben. Es stecken andere Sachen dahinter. Ein Feind des Reichs zu werden! Ein Feind des Kaisers! Geselle eines Räubers! Du, Weislingen, mit deiner sanften Seele!

Weislingen. Wenn Ihr ihn kennen würdet –

Adelheid. Ich würde ihn richtig einschätzen. Er hat eine hohe unbändige Seele. Eben darum wehe dir, Weislingen! Geh und bilde dir ein, Geselle von ihm zu sein. Geh! Und lass dich beherrschen. Du bist freundlich, gefällig –

Weislingen. Er ist's auch.

Adelheid. Aber du bist nachgiebig und er nicht! Gegen deinen Willen wird er dich mitreißen, du wirst der Sklave eines Edelmanns werden, obwohl du Herr von Fürsten sein könntest. –

Weislingen. Hättest du gefühlt, wie liebevoll er mich behandelt hat.

Adelheid. Liebevoll! Das rechnest du ihm an? Es war seine Schuldigkeit –

Weislingen. Ihr redet von Euerm Feind.

Adelheid. Ich redete für Eure Freiheit – und weiß überhaupt nicht, was ich noch für einen Anteil daran nehme. Lebt wohl.

Weislingen. Erlaubt noch einen Augenblick. *(Er nimmt ihre Hand und schweigt.)*

Adelheid. Habt Ihr mir noch was zu sagen?

1 Theuerdank: Dieser populäre Ritterroman erschien 1517 in Nürnberg und beschreibt Leben und Taten edler Ritter.
2 Rübezahl (Sagengestalt): Berggeist aus dem Riesengebirge in Schlesien

Weislingen. – – Ich muss fort.

Adelheid. So geht.

Weislingen. Gnädige Frau! – Ich kann nicht.

Adelheid. Ihr müsst.

Weislingen. Soll das Euer letzter Blick sein?

Adelheid. Geht, ich bin krank, sehr zur unpassenden Zeit.

Weislingen. Seht mich nicht so an.

Adelheid. Du willst unser Feind sein und wir sollen dich anlächeln? Geh!

Weislingen. Adelheid!

Adelheid. Ihr seid mir gleichgültig!

(Franz kommt.)

Franz. Gnädiger Herr! Der Bischof lässt Euch rufen.

Adelheid. Geht! Geht!

Franz. Er bittet Euch schnell zu kommen.

Adelheid. Geht! Geht!

Weislingen. Ich nehme nicht Abschied, ich sehe Euch wieder! *(Ab.)*

Adelheid. Mich wieder? Das wollen wir verhindern. Margarete, wenn er kommt, weise ihn ab. Ich bin krank, habe Kopfweh, ich schlafe – Weise ihn ab. Wenn er noch zu gewinnen ist, dann auf diese Weise. *(Ab.)*

1. Wie schätzt Adelheid den Weislingen ein?
2. Welche Mittel setzt sie ein, um ihn in Bamberg zu halten?
3. Welche Wirkung hat sie auf Weislingen?

2.7 Vorzimmer.

Weislingen. Franz.

Weislingen. Sie will mich nicht sehen?

Franz. Es wird Nacht, soll ich die Pferde satteln?

Weislingen. Sie will mich nicht sehen?

Franz. Wann befehlen Ihro Gnaden die Pferde?

Weislingen. Es ist zu spät! Wir bleiben hier.

Franz. Gott sei Dank! *(Ab.)*

Weislingen. Du[1] bleibst! Sei auf der Hut, die Versuchung ist groß. Mein Pferd scheute, wie ich zum Schlosstor herein wollte, mein guter Geist stellte sich ihm entgegen, er kannte die Gefahren, die mich hier erwarteten. – Doch ist's nicht recht, die vielen Geschäfte, die ich dem Bischof unvollendet liegen ließ, nicht wenigstens so zu ordnen, dass ein Nachfolger da anfangen kann, wo ich's gelassen habe? Das kann ich doch alles tun, trotz Berlichingen und unserer Verbindung. Denn halten sollen sie mich hier nicht. – Wäre doch besser gewesen, wenn ich nicht gekommen wäre. Aber ich will fort – morgen oder übermorgen. *(Geht ab.)*

1 Weislingen spricht zu sich selbst.

1. Worüber freut sich Franz?
2. Welchen Grund nennt Weislingen um zu rechtfertigen, dass er in Bamberg bleibt?

2.8 Im Spessart.

Götz. Selbitz. Georg.

Selbitz. Ihr seht, es ist so gegangen, wie ich gesagt habe.

Götz. Nein! Nein! Nein!

Georg. Glaubt, ich berichte Euch die Wahrheit. Ich tat, wie Ihr befahlt, nahm die Uniform des Bambergischen. Ich kam nach Bamberg und gleich im Wirtshaus hörte ich erzählen: Weislingen und der Bischof seien ausgesöhnt, und man redete viel von einer Heirat mit der Witwe des von Walldorf[1].

Götz. Gerede.

Georg. Ich sah ihn, wie er sie zur Tafel führte. Sie ist schön, bei meinem Eid, sie ist sehr schön. Wir verbeugten uns alle, sie dankte uns allen, er nickte mit dem Kopf, sah sehr vergnügt aus, sie gingen vorbei und das Volk murmelte: „Ein schönes Paar!"

Götz. Das kann sein.

Georg. Hört weiter. Als er am anderen Tage in die Messe ging, passte ich den Zeitpunkt ab. Er war allein. Ich stand unten an der Treppe und sagte leise zu ihm: „Ein paar Worte von Euerm Berlichingen." Er war bestürzt; ich sah das Geständnis seiner Schande in seinem Gesicht, er hatte kaum das Herz mich anzusehen, mich, einen einfachen Reiterjungen.

Selbitz. Sein Gewissen war schlechter als dein Stand.

Georg. „Ich bringe einen Gruß vom Ritter Berlichingen", sagte ich, „und soll fragen –" – „Komm morgen früh", sagte er, „in mein Zimmer, wir wollen dort weiterreden."

Götz. Kamst du?

Georg. Natürlich kam ich und musste im Vorsaal stehen, lange, lange. Und die seidenen Buben beguckten mich von vorn und hinten. Ich dachte, guckt ihr nur – Endlich führte man mich

1 die Witwe des von Walldorf: Das ist Adelheid.

hinein, er schien böse zu sein, mir war's egal. Ich trat zu ihm und trug meine Botschaft vor. Er gab sich böse, wie einer, der kein Herz hat und es nicht zeigen will. Er wunderte sich, dass Ihr ihn durch einen Reiterjungen zur Rede stellen ließet. Das ärgerte mich. Ich sagte, es gäbe nur zweierlei Leute, brave und Schurken, und ich diente Götz von Berlichingen. Nun fing er an, schwatzte allerlei verkehrtes Zeug, das darauf hinausging: Ihr hättet ihn übereilt handeln lassen, er sei Euch keine Pflicht schuldig und wolle nichts mit Euch zu tun haben.

Götz. Hast du das aus seinem Munde?

Georg. Das und noch mehr – Er drohte mir –

Götz. Es ist genug! Der wäre nun auch verloren! Treu und Glaube, du hast mich wieder betrogen. Arme Marie! Wie soll ich dir das beibringen!

Selbitz. Ich wollte lieber mein zweites Bein verlieren[1] als so ein Schurke sein. *(Ab.)*

2.9 Bamberg

Adelheid. Weislingen.

Adelheid. Die Zeit fängt mir an, unerträglich lang zu werden; Langeweile, du bist ärger als Schüttelfrost.

Weislingen. Findet Ihr mich schon langweilig?

Adelheid. Ich wollte, Ihr wärt da, wo Ihr hinwolltet, und wir hätten Euch nicht gehalten.

Adelheid liebt Weislingen nicht und will ihn nicht heiraten. Deshalb will sie nicht, dass er immer nur für sie schwärmt. Er soll für die Interessen des Bischofs und für ihre eigenen aktiv werden.

1 Selbitz hat im Kampf ein Bein verloren.

Adelheid. – Armer Mensch! Ihr seid so verdrießlich, wie einer, dem sein erstes Mädchen untreu wird.

Weislingen. Könntest du mich lieben, könntest du meine heiße Leidenschaft lindern! Adelheid! Deine Vorwürfe sind höchst ungerecht. – Du lächelst! – Nach dem übereilten Schritt wieder mit mir selbst ins Reine zu kommen, kostete mehr als einen Tag. Gegen den Menschen[1] zu arbeiten, dessen Andenken so lebhaft neu in Liebe bei mir ist.

Adelheid. Wunderlicher Mann, der du den lieben kannst, den du beneidest! Das ist, als wenn ich meinem Feind Proviant bringen würde.

Weislingen. Ich fühle es wohl, hier es gibt es kein Zögern. Ihm ist mitgeteilt worden, dass ich wieder Weislingen bin. Ach, Adelheid, wir waren inzwischen nicht so untätig, wie du meinst. Unsere Reiter sind verstärkt und wachsam, unsere Verhandlungen gehen fort und der Reichstag zu Augsburg soll hoffentlich unsere Projekte zur Reife bringen.

Adelheid. Ihr geht hin?

Weislingen. Wenn ich eine Hoffnung mitnehmen könnte! *(Küsst ihre Hand.)*

Adelheid. O ihr Ungläubigen! Immer Zeichen und Wunder! Geh, Weislingen, und vollende das Werk. Der Vorteil des Bischofs, der deine, der meine, sie sind so miteinander verbunden, dass, wäre es auch nur der Politik wegen –

Weislingen. Du kannst scherzen.

Adelheid. Ich scherze nicht. Unsere Güter wird Götz nicht lange verschonen; und wenn wir nicht zusammenhalten, wie unsere Feinde, und den Kaiser nicht auf unsere Seite ziehen, sind wir verloren.

Weislingen. Mir ist's nicht bange. Der größte Teil der Fürsten denkt wie wir. Der Kaiser verlangt Hilfe gegen die Türken, und

1 Er meint Götz.

dafür ist's recht und billig, dass er uns auch beisteht. Welche Lust wird es mir sein, deine Güter von übermütigen Feinden zu befreien, die unruhigen Köpfe in Schwaben zu beruhigen, die Ruhe des Bistums, unser aller herzustellen. Und dann –?

Adelheid. Ein Tag bringt den andern und was das Schicksal bringt, werden wir sehen.

Weislingen. Aber wir müssen wollen.

Adelheid. Wir wollen ja.

Weislingen. Gewiss?

Adelheid. Nun ja. Geht.

Weislingen. Zauberin!

1. Was berichtet Georg aus Bamberg?
2. Wozu möchte Adelheid den Weislingen benutzen?
3. Welche „Projekte" will Weislingen ausführen?

2.10 Bauernhochzeit

Musik und Tanz draußen. Der Brautvater, Götz, Selbitz am Tisch. Der Bräutigam tritt zu ihnen.

Götz. Das Gescheiteste war, dass Ihr euern Streit so glücklich und fröhlich durch eine Heirat beendet habt.

Brautvater. Besser, als ich mir's hätte träumen lassen. In Ruh und Frieden mit meinem Nachbarn und eine Tochter wohl versorgt dazu!

Bräutigam. Und ich besitze das strittige Stück Land und drüber den hübschesten Backfisch[1] im ganzen Dorf. Wollte Gott, Ihr hättet eher zugestimmt.

1 Backfisch: junge Frau

Selbitz. Wie lange habt ihr prozessiert?
Brautvater. An die acht Jahre.

Die beiden jetzt versöhnten Prozessgegner klagen, mit wie viel Geld sie die Richter bestechen mussten. Und trotzdem wurde kein gerechtes Urteil gesprochen.

(Georg kommt.)

Georg. Die Nürnberger nähern sich.
Götz. Wo?
Georg. Wenn wir ganz vorsichtig reiten, packen wir sie zwischen Beerheim und Mühlbach im Wald.
Selbitz. Prima!
Götz. Kommt, Kinder. Gott grüß euch! Er helfe uns allen zu dem, was uns gehört!
Bauer. Großen Dank! Ihr wollt nicht zum Abendbrot bleiben?
Götz. Können nicht. Adies.

Dritter Akt

3.1 Augsburg. Ein Garten

Zwei Nürnberger Kaufleute.
Erster Kaufmann. Hier wollen wir stehen, denn da muss der Kaiser vorbeigehen. Er kommt eben den langen Gang herauf.
Zweiter Kaufmann. Wer ist bei ihm?
Erster Kaufmann. Adelbert von Weislingen!

Zweiter Kaufmann. Bambergs Freund! Das ist gut.

Erster Kaufmann. Wir wollen uns auf die Knie werfen und ich will reden.

Zweiter Kaufmann. Gut, da kommen sie.

(Kaiser. Weislingen.)

Erster Kaufmann. Er sieht verdrießlich aus.

Kaiser. Ich bin ärgerlich, Weislingen, und wenn ich auf mein vergangenes Leben zurücksehe, möchte ich verzweifeln, so viel halbe, so viel erfolglose Unternehmungen! Und das alles, weil kein Fürst im Reich so klein ist, dem nicht mehr an seinen Grillen[1] gelegen wäre als an meinen Gedanken.

(Die Kaufleute werfen sich ihm zu Füßen.)

Kaufmann. Allerdurchlauchtigster! Großmächtigster!

Kaiser. Wer seid ihr? Was gibt es?

Kaufmann. Arme Kaufleute von Nürnberg, Eurer Majestät Knechte, und flehen um Hilfe. Götz von Berlichingen und Hans von Selbitz haben dreißig von uns, die von der Frankfurter Messe kamen, überfallen und beraubt; wir bitten Eure Kaiserliche Majestät um Hilfe, um Beistand, sonst sind wir alle ruinierte Leute, genötigt unser Brot zu erbetteln.

Kaiser. Heiliger Gott! Heiliger Gott! Was ist das? Der eine hat nur eine Hand, der andere nur ein Bein; wenn sie denn erst zwei Hände hätten und zwei Beine, was wolltet ihr dann tun?

Kaufmann. Wir bitten Eure Majestät untertänigst, auf unsere Not ein mitleidiges Auge zu werfen.

Kaiser. Wie soll das gehen! Wenn ein Kaufmann einen Pfeffersack verliert, soll man die Truppen des ganzen Reiches mobilisieren[2]; und wenn Streitigkeiten vorhanden sind, an denen der Kaiserlichen Majestät und dem Reich viel gelegen ist, kann euch kein Mensch zusammenbringen.

1 Grillen: dumme Einfälle
2 Truppen mobilisieren: Truppen in Marsch setzen

Weislingen. Ihr kommt zur ungelegnen Zeit. Geht und wartet einige Tage hier.
Kaufleute. Wir empfehlen uns zu Gnaden. *(Ab.)*

Kaiser. Wieder neue Schwierigkeiten. Sie wachsen nach wie die Köpfe der Hydra.
Weislingen. Und sind nicht auszurotten als nur mit Feuer und Schwert und einer mutigen Aktion.
Kaiser. Glaubt Ihr?
Weislingen. Ich halte nichts für sinnvoller. Es ist keineswegs ganz Deutschland, das über Unruhen klagt. Nur in Franken und Schwaben glimmen noch die Reste des Bürgerkriegs. Und auch gibt es viele Edeln und Freie, die sich nach Ruhe sehnen. Hätten wir einmal diesen Sickingen, Selbitz – Berlichingen aus dem Wege geschafft, das Übrige würde bald von selbst zerfallen. Denn sie sind's, deren Geist die aufrührerische Menge belebt.
Kaiser. Ich möchte diese Leute gern schonen, sie sind tapfer und edel. Wenn ich Krieg führte, müssten sie mit mir zu Felde ziehen.
Weislingen. Es wäre zu wünschen, dass sie von jeher gelernt hätten, ihrer Pflicht zu gehorchen. Und dann wäre es sehr gefährlich, ihre aufrührerischen Unternehmungen durch

Hydra
Die Hydra war in der griechischen Sage eine neunköpfige Wasserschlange. Wenn ein Kopf abgeschlagen wurde, wuchs er sofort nach. Herkules, der Sohn des Zeus, hat sie trotzdem besiegt, indem er mit Feuer die Wunden ausbrannte.

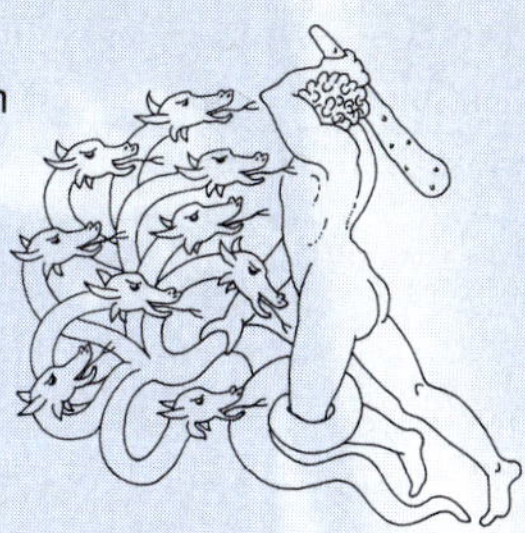

INFO

Ehrenstellen zu belohnen. Denn eben diese kaiserliche Milde und Gnade ist's, die sie bisher so ungeheuer missbrauchten. Wir müssen sie vor den Augen der Welt ganz und gar vernichten.

Kaiser. Ihr ratet also zur Strenge?

Weislingen. Ich sehe kein anderes Mittel, den revolutionären Geist, der ganze Landschaften ergreift, zu bannen. Hören wir nicht schon hier und da die bittersten Klagen der Edeln, dass ihre Untertanen, ihre Leibeigenen sich gegen sie auflehnen, sodass die gefährlichsten Folgen zu befürchten sind?

Kaiser. Jetzt wäre eine schöne Gelegenheit gegen den Berlichingen und Selbitz; nur will ich nicht, dass ihnen was zu Leid geschehe. Gefangen möchte ich sie haben und dann müssten sie Urfehde schwören, auf ihren Schlössern ruhig zu bleiben. Bei der nächsten Sitzung will ich das vortragen.

Weislingen. Ein freudiger zustimmender Zuruf wird Eurer Majestät das Ende der Rede ersparen. *(Ab.)*

1. Warum werfen sich die Kaufleute dem Kaiser zu Füßen? Was wollen sie von ihm?
2. Wozu möchte Weislingen den Kaiser überreden?
3. Welche Entscheidung trifft der Kaiser?

INFO

Urfehde

Mit „Urfehde“ bezeichnete man die eidliche Versicherung eines Verurteilten, dass er sich in Zukunft friedlich verhalten und sich wegen der gegen ihn geführten Untersuchung und zu vollziehenden Strafe nicht rächen werde. Götz sollte also auf seinem Schloss „ruhig bleiben“.

3.2 Jagsthausen

Sickingen. Berlichingen.

Sickingen. Ja, ich komme her, um Eure edle Schwester um ihr Herz und ihre Hand zu bitten.

Götz. So wollte ich, Ihr wärt eher gekommen. Ich muss Euch sagen: Weislingen hat während seiner Gefangenschaft ihre Liebe gewonnen, um sie angehalten[1], und ich sagte sie ihm zu. Ich habe ihn losgelassen, den Vogel, und er verachtet die gütige

1 anhalten: um die Hand anhalten, einen Heiratsantrag machen

Hand, die ihm in der Not Futter gereicht hat. Er schwirrt herum, weiß Gott auf welcher Hecke seine Nahrung zu suchen.

Sickingen. Ist das so?

Götz. Wie ich sage.

Sickingen. Er hat ein doppeltes Band[1] zerrissen. Wohl Euch, dass Ihr mit dem Verräter nicht näher verwandt wurdet.

Götz. Sie sitzt, das arme Mädchen, jammert und betet.

Sickingen. Wir wollen sie singen machen.

Götz. Wie! Wollt Ihr eine Verlassene heiraten?

Sickingen. Es macht euch beiden Ehre, von ihm betrogen worden zu sein. Soll darum das arme Mädchen in ein Kloster gehen, weil der erste Mann, den sie kannte, ein Unwürdiger war? Nein doch! Ich bleibe dabei, sie soll die Königin auf meinen Schlössern werden.

Götz. Ich sage Euch, sie war nicht gleichgültig gegen ihn.

Sickingen. Traust du mir nicht zu, dass ich den Schatten eines Elenden verjagen kann? Komm, wir gehen zu ihr! *(Ab.)*

1 doppeltes Band: das Band der Freundschaft und der Liebe

1. Was will der Ritter Franz von Sickingen?
2. Wie reagiert er, als er hört, dass Maria mit Weislingen verlobt war?

3.3 Lager der Reichsexekution[1]

Hauptmann. Offiziere.

Hauptmann. Wir müssen vorsichtig vorrücken und unsere Leute so viel wie möglich schonen. Auch ist unser ausdrücklicher Befehl, ihn in die Enge zu treiben und lebendig gefangen zu nehmen. Es wird schwer fallen, denn wer mag sich an ihn heranmachen?

Erster Offizier. Freilich! Er wird sich wehren wie ein wildes Schwein. Überhaupt hat er uns sein Leben lang nichts zu Leide getan, und jeder wird's von sich schieben, für Kaiser und Reich Arm und Bein zu riskieren.

Zweiter Offizier. Es wäre eine Schande, wenn wir ihn nicht kriegen würden. Wenn ich ihn nur einmal beim Kragen habe, er soll nicht loskommen.

Erster Offizier. Fasst ihn nur nicht mit den Zähnen, er könnte Euch die Kinnbacken ausreißen. Guter junger Herr, dergleichen Leute lassen sich nicht packen wie ein flüchtiger Dieb.

Zweiter Offizier. Wollen sehen.

Hauptmann. Unser Schreiben muss er nun haben. Wir wollen nicht zögern und einen Trupp ausschicken, der ihn beobachten soll.

Zweiter Offizier. Lasst mich ihn anführen.

Hauptmann. Ihr kennt die Gegend nicht.

Zweiter Offizier. Ich hab einen Knecht, der hier aufgewachsen ist.

Hauptmann. Ich bin's zufrieden. (Ab.)

1 Reichsexekution: Damit werden die Soldaten bezeichnet, die der Kaiser gegen Götz von Berlichingen aufbietet. Sie sollen ihn gefangen nehmen (Szene 3.1, Seite 52).

3.4 Jagsthausen

Sickingen.

Sickingen. Es geht alles nach Wunsch; sie war etwas überrascht über meinen Heiratsantrag und sah mich von Kopf bis Fuß an. Ich wette, sie verglich mich mit ihrem Weißfisch. Gott sei Dank, dass ich mich mit ihm vergleichen kann. Sie antwortete wenig und durcheinander; desto besser! Sie mag eine Zeit kochen. Bei Mädchen, die durch Liebesunglück gebeizt[1] sind, wird ein Heiratsvorschlag bald gar.

(Götz kommt.)

Sickingen. Was bringt Ihr, Schwager?

Götz. In die Acht erklärt!

Sickingen. Was?

Götz. Da lest den netten Brief. Der Kaiser hat Exekution gegen mich angeordnet, die mein Fleisch den Vögeln unter dem Himmel und den Tieren auf dem Felde zu fressen geben soll.

Sickingen. Erst sollen sie dran. Gerade zur richtigen Zeit bin ich hier.

Götz. Nein, Sickingen, Ihr müsst fort. Eure großen Vorhaben könnten darüber zu Grunde gehen, wenn Ihr zu so ungelegner Zeit Feind des Reiches werden solltet. Auch mir werdet Ihr weit

1 beizen: Fleisch kann man in eine „Beize" von Essig und Gewürzen einlegen. Dadurch wird es mürbe und kann schneller gegart werden.

INFO

Reichsacht

Wer vom Reichstag geächtet wird, ist im ganzen Reich recht- und gesetzlos; er ist „vogelfrei". Jeder darf ihn angreifen, niemand wird ihm helfen. Sein Vermögen wird beschlagnahmt. Dem Geächteten wurde das mit einem „Achtbrief" mitgeteilt.

mehr nützen, wenn Ihr neutral zu sein scheint. Der Kaiser liebt Euch, und das Schlimmste, das mir passieren kann, ist gefangen zu werden; dann brauche ich Eure Fürsprache und Ihr reißt mich aus dem Elend. Nicht wahr? Jetzt geht der Kriegszug gegen mich; erfahren sie, dass du bist bei mir bist, so schicken sie mehr Soldaten und wir sind um nichts besser dran. Der Kaiser sitzt an der Quelle und ich wäre schon jetzt ganz und gar verloren, wenn man Tapferkeit so geschwind einblasen könnte, wie man einen Haufen Reiter zusammenblasen kann.

Sickingen. Doch kann ich heimlich etwa zwanzig Reiter zu Euch kommen lassen.

Götz. Gut. Ich hab schon Georg zu Selbitz geschickt und zu meinen Knechten in der Nachbarschaft. Lieber Schwager, wenn meine Leute beisammen sind, dann wird das eine Truppe sein, wie sie wenige Fürsten beisammen gesehen haben.

Sickingen. Ihr werdet gegen die Menge doch nur wenige sein.

Götz. Mach dir keine Sorge. Es sind lauter Söldner[1].

Sickingen. Glück zu, Bruder! Ich will gleich fort und zu dir schicken, wen ich in der Eile zusammentreiben kann.

Götz. Komm noch zu den Frauen, ich ließ sie beisammen. Ich wollte, dass du ihr Wort hättest, ehe du gehst. Dann schick mir die Reiter und komm heimlich wieder, um Maria abzuholen, denn mein Schloss, fürchte ich, wird bald kein Aufenthalt mehr für Frauen sein.

Sickingen. Wollen das Beste hoffen. *(Ab.)*

1 Söldner: Soldaten, die nicht aus Überzeugung, sondern nur wegen der Bezahlung (= Sold) kämpfen; hier: die Soldaten des Kaisers

1. Welche Nachricht hat Götz erhalten?
2. Wie könnte Sickingen seinem künftigen Schwager helfen?

3.5 Bamberg

Adelheids Zimmer. Adelheid. Franz.

Adelheid. So sind die beiden Exekutionen schon aufgebrochen?

Franz. Ja, und mein Herr hat die Freude, selbst gegen Eure Feinde zu ziehen. Ich wollte gleich mit, obwohl ich gern zu Euch komme. Auch will ich jetzt wieder fort, um bald mit fröhlicher Botschaft wiederzukommen. Mein Herr hat mir's erlaubt.

Adelheid. Wie geht es ihm?

Franz. Er ist munter. Mir befahl er, Eure Hand zu küssen.

Adelheid. Da – deine Lippen sind warm.

Franz *(für sich, auf die Brust deutend)*. Hier ist's noch wärmer! *(Laut.)* Gnädige Frau, Eure Diener sind die glücklichsten Menschen unter der Sonne.

Adelheid. Wer führt gegen Berlichingen?

Franz. Der von Sirau. Lebt wohl, beste gnädige Frau! Ich will wieder fort. Vergesst mich nicht.

Adelheid. Du musst was essen, trinken und dich ausruhen.

Franz. Wozu das? Ich hab Euch ja gesehen. Ich bin weder müde noch hungrig.

Adelheid. Ich kenne deine Treue.

Franz. Ach, gnädige Frau!

Adelheid. Beruhige dich und iss etwas.

Franz. So viel Sorge für einen armen Jungen! *(Ab.)*

Adelheid. Die Tränen stehen ihm in den Augen. Ich lieb ihn von Herzen. So wahr und warm hat noch niemand an mir gehangen. *(Ab.)*

1. Warum kommt Franz zu Adelheid?
2. Was empfinden sie füreinander?

3.6 Jagsthausen

Götz. Georg.

Georg. Er will selbst mit Euch sprechen. Ich kenne ihn nicht; es ist ein starker Mann, mit schwarzen feurigen Augen.

Götz. Bring ihn herein. *(Lerse kommt.)*

Götz. Gott grüß Euch! Was bringt Ihr?

Lerse. Mich selbst! Das ist nicht viel, doch alles, was es ist, biete ich Euch an.

Götz. Ihr seid mir willkommen, doppelt willkommen, ein tapfrer Mann und zu dieser Zeit, da ich nicht hoffte, neue Freunde zu gewinnen, eher den Verlust der alten fürchtete. Nennt mir Euren Namen.

Lerse. Franz Lerse.

Götz. Ich danke Euch, Lerse, dass Ihr mich mit einem braven Mann bekannt macht.

Lerse. Ich machte Euch schon einmal mit mir bekannt, aber damals danktet Ihr mir nicht dafür.

Götz. Ich erinnere mich nicht an Euch.

Lerse. Es täte mir Leid.

Lerse erinnert Götz, dass sie früher einmal gegeneinander gekämpft haben. Seit der Zeit bewundert er Götz.

Lerse. Kurz, ich lernte Euch kennen, und von Stund an beschloss ich, Euch zu dienen.

Götz. Wie lange wollt Ihr bei mir aushalten?

Lerse. Auf ein Jahr. Ohne Bezahlung.

Götz. Nein, Ihr sollt bezahlt werden wie andere auch.

(Georg kommt.)

Georg. Hans von Selbitz lässt Euch grüßen. Morgen ist er hier mit fünfzig Mann.

Götz. Gut.

Georg. Es zieht am Kocher[1] ein Trupp Reichssoldaten herunter; ohne Zweifel um Euch zu beobachten.

Götz. Wie viele?

Georg. Etwa fünfzig.

Götz. Nicht mehr! Komm, Lerse, wir wollen sie zusammenhauen. Dass Selbitz, wenn er kommt, schon ein Stück Arbeit getan findet. Zu Pferde! *(Ab.)*

3.7 Wald an einem Morast

Zwei Reichsknechte begegnen einander.

Erster Knecht. Was machst du hier?

Zweiter Knecht. Ich hab um Erlaubnis gebeten, meine Notdurft zu verrichten.[2] Seit dem blinden Alarm gestern Abend muss ich alle Augenblicke vom Pferd.

Erster Knecht. Hält der Trupp hier in der Nähe?

Zweiter Knecht. Wohl eine Stunde den Wald hinauf.

Erster Knecht. Wie verläufst du dich denn bis hierher?

Zweiter Knecht. Ich bitte dich, verrate mich nicht. Ich will aufs nächste Dorf und sehen, ob ich nicht mit warmen Umschlägen meinem Übel abhelfen kann. Wo kommst du her?

Erster Knecht. Vom nächsten Dorf. Ich hab unserm Offizier Wein und Brot geholt.

Zweiter Knecht. So, er lässt es sich wohl sein vor unseren Augen und wir sollen fasten! Ein schönes Beispiel!

Erster Knecht. Komm mit zurück, Schurke.

Zweiter Knecht. Wär ich ein Narr! Es sind noch viele bei unserem Haufen, die gern fasten würden, wenn sie so weit davon wären wie ich.

1 der Kocher: ein Fluss
2 Er hat darum gebeten, austreten zu dürfen.

Erster Knecht. Hörst du? Pferde!

Zweiter Knecht. O weh!

Erster Knecht. Ich klettere auf den Baum.

Zweiter Knecht. Ich verstecke mich im Schilf.

(Götz, Lerse, Georg, Knechte zu Pferde.)

Götz. Hier am Teich entlang und dann links in den Wald, dann kommen wir ihnen in den Rücken.

(Sie ziehen vorbei.)

Erster Knecht *(steigt vom Baum)*. Hier wird's gefährlich. Michel! Er antwortet nicht? Michel, sie sind fort! *(Er geht zum Sumpf.)* Michel! O weh, er ist versunken. Michel! Er hört mich nicht, er ist erstickt. Bist doch krepiert, du Memme[1]. – Wir sind geschlagen. Feinde, überall Feinde!

(Götz, Georg zu Pferde.)

Götz. Halt, Kerl, oder du bist des Todes!

Erster Knecht. Schont mein Leben!

Götz. Dein Schwert! Georg, führ ihn zu den anderen Gefangenen, die Lerse dort unten am Wald hat. Ich muss ihren flüchtigen Anführer erreichen. (Ab.)

Erster Knecht. Was ist aus unserm Ritter geworden, der uns führte?

Georg. Mein Herr stürzte ihn vom Pferd, dass der Federbusch im Kot steckte. Seine Reiter hoben ihn aufs Pferd und fort, wie die Verrückten. *(Ab.)*

1 Memme: Feigling

1. Warum ist der zweite Knecht hier im Wald?
2. Wie kommt er ums Leben?
3. Welchen Eindruck bekommst du von der Kampfmoral der Reichsknechte?

3.8 Lager

Hauptmann. Ritter.

Ritter. Sie fliehen von weitem zum Lager.

Hauptmann. Götz wird ihnen auf den Fersen sein. Lasst fünfzig ausrücken bis an die Mühle; wenn er sich zu weit vorwagt, erwischt Ihr ihn vielleicht.

(Ritter ab. – Zweiter Ritter wird geführt.)

Hauptmann. Wie geht's, junger Herr? Habt Ihr ein paar Zinken[1] verloren?

Ritter. Dass dich die Pest! Das stärkste Geweih wäre gesplittert wie Glas. Zum Teufel! Er rannte auf mich los, es war mir, als wenn mich der Donner in die Erde hineinschlagen würde.

Hauptmann. Dankt Gott, dass Ihr noch davongekommen seid.

Ritter. Es ist nichts zu danken, ein paar Rippen sind entzwei. Wo ist der Feldscher[2]? *(Ab.)*

3.9 Jagsthausen

Götz. Selbitz.

Götz. Was sagst du zur Reichsacht gegen mich, Selbitz?

Selbitz. Es ist ein übler Streich von Weislingen.

Götz. Meinst du?

Selbitz. Ich meine nicht, ich weiß es.

Götz. Woher?

Selbitz. Er war auf dem Reichstag, sag ich dir, er war um den Kaiser.

Götz. Dann machen wir ihm wieder einen Angriff zunichte.

1 Zinken: die Enden eines Hirschgeweihs
2 Feldscher: ein Sanitäter für Soldaten

Selbitz. Ich hoffe es.

Götz. Wir wollen fort! Jetzt soll die Hasenjagd losgehen.

3.10 Lager

Hauptmann. Ritter.

Hauptmann. Dabei kommt nichts heraus, ihr Herren. Er schlägt uns einen Trupp nach dem andern, und was nicht umkommt und gefangen wird, das läuft in Gottes Namen lieber in Richtung Türkei als ins Lager zurück. So werden wir jeden Tag schwächer. Wir müssen ein für alle Mal ihm auf den Leib rücken und das mit Ernst. Ich will selbst dabei sein und er soll sehen, mit wem er es zu tun hat.

Ritter. Wir wären damit gern zufrieden; nur kennt er das Land so gut, weiß alle Gänge und Schliche im Gebirge, dass er so wenig zu fangen ist wie eine Maus auf dem Kornboden.

Hauptmann. Wollen ihn schon kriegen. Erst auf nach Jagsthausen. Mag er wollen oder nicht, er muss herbei, um sein Schloss zu verteidigen.

Ritter. Soll unser ganzer Haufen marschieren?

Hauptmann. Freilich! Wisst Ihr, dass wir schon um Hundert geschmolzen sind?

Ritter. Drum geschwind, eh der ganze Eisklumpen auftaut; wir stehen da wie Butter an der Sonne. *(Ab.)*

1. Wie reagiert Götz, als er hört, dass Weislingen die Acht über ihn veranlasst hat?
2. Welche neue Strategie hat sich der Hauptmann gegen Götz ausgedacht?

3.11 Gebirge und Wald

Götz. Selbitz. Trupp.

Götz. Sie kommen mit der Haupttruppe. Es war höchste Zeit, dass Sickingens Reiter zu uns stießen.

Selbitz. Wir wollen uns teilen. Ich will linker Hand um die Höhe ziehen.

Götz. Gut. Und du, Lerse, führe mir die fünfzig rechts durch den Wald hinauf; sie kommen über die Heide, ich will mich ihnen entgegenstellen. Georg, du bleibst bei mir. Und wenn ihr seht, dass sie mich angreifen, fallt ihnen sofort in die Seiten. Wir wollen sie patschen[1]. Sie denken nicht, dass wir ihnen die Stirn bieten können. *(Ab.)*

3.12 Heide

Auf der einen Seite eine Höhe, auf der anderen Wald.
Hauptmann. Exekutionszug.

Hauptmann. Er hält auf der Heide! Das ist unverschämt. Er soll's büßen. Was! Den Strom[2] nicht zu fürchten, der auf ihn losbraust?

Ritter. Ich möchte nicht, dass Ihr an der Spitze reitet. Er sieht so aus, als ob er den Ersten, auf den er stößt, umgekehrt in die Erde pflanzen wollte. Reitet hinterher.

Hauptmann. Nicht gern.

Ritter. Ich bitte Euch. Ihr seid noch der Knoten von dem Band, das dieses Bündel Haselruten zusammenhält; löst ihn auf, so knickt er sie Euch einzeln wie Riedgras.

1 patschen: mit den Händen zusammenschlagen, wie Fliegen töten
2 Strom: (hier:) die vielen Feinde

Hauptmann. Trompeter, blas! Und ihr blast ihn weg! *(Ab.)*

(Selbitz hinter der Höhe hervor im Galopp.)

Selbitz. Mir nach! Sie sollen zu ihren Händen rufen: „Multipliziert euch[1]!“ *(Ab.)*

(Lerse aus dem Wald.)

Lerse. Götz zu Hilfe! Er ist fast umringt von Feinden. Tapferer Selbitz, du hast ihm schon Platz verschafft. Wir wollen die Heide mit ihren Distelköpfen besäen. *(Vorbei.)*

(Getümmel.)

3.13 Eine Höhe

mit einem Aussichtsturm.

Selbitz verwundet. Knechte.

Selbitz. Legt mich hierher und kehrt zu Götz zurück.

Erster Knecht. Lasst uns bleiben, Herr, Ihr braucht uns.

Selbitz. Steig einer auf den Turm und sehe, wie's geht.

Erster Knecht. Wie soll ich hinaufkommen?

Zweiter Knecht. Steig auf meine Schultern.

Erster Knecht *(steigt hinauf)*. Ach, Herr!

Selbitz. Was siehst du?

Erster Knecht. Eure Reiter fliehen zur Höhe.

Selbitz. Höllische Schurken! Reit einer hin und fluch und wetter[2] sie zurück! *(Knecht ab.)* Siehst du Götz?

Knecht. Die drei schwarzen Federn sehe ich mitten im Getümmel.

Selbitz. Schwimm, braver Schwimmer. Ich liege hier!

Knecht. Ein weißer Federbusch, wer ist das?

1 Multipliziert euch!: Wir brauchen noch viel mehr!
2 wettern: anschreien wie ein Donnerwetter

Selbitz. Der Hauptmann.

Knecht. Götz drängt sich an ihn – Peng! Er stürzt.

Selbitz. Der Hauptmann?

Knecht. Ja, Herr.

Selbitz. Gut! Gut!

Knecht. Weh! Weh! Den Götz seh ich nicht mehr.

Selbitz. So stirb, Selbitz!

Knecht. Ein fürchterliches Gedränge, wo er stand. Georgs blauer Helmbusch verschwindet auch.

Selbitz. Komm herunter. Siehst du Lerse nicht?

Knecht. Nichts. Es geht alles drunter und drüber.

Selbitz. Nichts mehr. Komm! Wie halten sich Sickingens Reiter?

Knecht. Gut. – Da flieht einer nach dem Wald. Noch einer! Ein ganzer Trupp! Götz ist besiegt.

Selbitz. Komm herab.

Knecht. Ich kann nicht. – Wohl! Wohl! Ich sehe Götz! Ich sehe Georg!

Selbitz. Zu Pferd?

Knecht. Hoch zu Pferd! Sieg! Sieg! Sie fliehen.

Selbitz. Die Reichstruppen?

Knecht. Die Fahne mittendrin, Götz hinterdrein. Sie reiten aus-

INFO

„Mauerschau“

Das Geschehen dieser Szene kann man auf der Bühne nicht darstellen. Deshalb verwendet Goethe einen Trick: die „Mauerschau“. Von einem erhöhten Beobachtungsposten aus wird das Geschehen geschildert.

Das Vorbild für Goethe war Homer („Ilias“ III).
Eine „Mauerschau“ findet sich auch bei Schillers „Wilhelm Tell“ (IV,1), Kleists „Prinz Friedrich von Homburg“ (II,2) und bei vielen anderen.

einander. Götz erreicht den Fähnrich – Er hat die Fahne – Er hält sie fest. Eine Handvoll Menschen ist um ihn herum. Mein Kamerad erreicht ihn – Sie ziehen hierher.

(Götz. Georg. Lerse. Ein Trupp.)

Selbitz. Glück zu, Götz! Sieg! Sieg!

Götz *(steigt vom Pferd)*. Teuer! Teuer! Du bist verwundet, Selbitz?

Selbitz. Du lebst und siegst! Ich habe wenig getan. Und meine Hunde von Reitern! Wie bist du davongekommen?

Götz. Diesmal war es knapp! Und hier Georg danke ich das Leben, und hier Lerse danke ich's. Ich warf den Hauptmann vom Gaul. Sie stachen mein Pferd nieder und drangen auf mich ein. Georg schlug sich zu mir durch und sprang ab. Ich wie der Blitz auf seinen Gaul, wie der Donner saß er auch wieder auf. Wie kamst du zu dem Pferd?

Georg. Einem, der nach Euch hieb, stieß ich meinen Dolch in die Gedärme. Er stürzte, und ich half Euch von einem Feind und mir zu einem Pferd.

Götz. Nun stießen wir mit den Lanzen, bis sich Lerse zu uns schlug, und da mähten wir mit unseren Schwertern von innen heraus.

Lerse. Die Hunde, die ich führte, sollten von außen hinein mähen, bis sich unsere Sensen begegnet wären; aber sie flohen wie Reichsknechte.

Götz. Es floh Freund und Feind. Nur mein kleiner Haufen hielt mir den Rücken frei. Ich hatte mit den Kerls vor mir genug zu tun. Der Fall ihres Hauptmanns half mir sie durchzuschütteln und sie flohen. Ich habe ihre Fahne und einige Gefangene.

Selbitz. Der Hauptmann ist Euch entwischt?

Götz. Sie hatten ihn inzwischen gerettet. Kommt, Kinder! Kommt, Selbitz! – Macht eine Bahre von Ästen; – du kannst nicht aufs Pferd. Kommt in mein Schloss. Die Feinde sind auf der Flucht. Aber wir sind auch nur wenige, und ich weiß nicht, ob sie Truppen nachzuschicken haben. Ich will euch bewirten, meine Freunde. Ein Glas Wein schmeckt nach solch einem Kampf.

1. Welchen Plan hatte Götz für den Kampf auf der Heide?
2. Welche Erfolge und welche Verluste ergeben sich aus dem Kampf?
3. Wie wurde Götz selbst aus höchster Gefahr gerettet?

3.14 Lager

Hauptmann

Hauptmann. Ich könnte euch alle mit eigner Hand umbringen! Was, fortlaufen! Er hatte keine Handvoll Leute mehr! Fortzulaufen, vor *einem* Mann! Das wird niemand glauben als der, der über uns zu lachen Lust hat. – Reitet herum, ihr, und ihr, und ihr. Wo ihr welche von unseren Knechten findet, bringt sie zurück oder stecht sie nieder. Wir müssen die Scharte auswetzen[1] und wenn die Klingen darüber zu Grunde gehen sollten.

1 die Scharte auswetzen: den Misserfolg wieder gutmachen

INFO

Scheißkerle

In der Urfassung von 1773 sagt der Hauptmann:
„Ich könnte euch alle mit eigner Hand umbringen, ihr tausend Sakerment! Was, fortzulaufen! Er hatte keine Handvoll Leute mehr! Fortzulaufen wie die Scheißkerle! Vor einem Mann!"

3.15 Jagsthausen

Götz. Lerse. Georg.

Götz. Wir dürfen keinen Augenblick warten! Arme Jungen, ich darf euch keine Rast gönnen. Jagt geschwind herum und sucht noch Reiter aufzutreiben. Bestellt sie alle nach Weiler[1], da sind sie am sichersten. Wenn wir zögern, dann ziehen sie mir vors Schloss. *(Die zwei ab.)* Ich muss einen auf Kundschaft ausschicken. Es fängt an gefährlich zu werden. Und wenn sie auch keine tapferen Kerle sind! Aber die Menge macht's. *(Ab.)*

(Sickingen. Maria.)

Maria. Ich bitte Euch, lieber Sickingen, bleibt bei meinem Bruder! Seine Reiter, die von Selbitz und Eure sind auf der Flucht; er ist allein, Selbitz ist verwundet auf sein Schloss gebracht worden und ich fürchte alles.

Sickingen. Seid ruhig, ich gehe nicht weg.

(Götz kommt.)

Götz. Kommt in die Kirche, der Pater wartet. Ihr sollt mir in einer Viertelstunde ein Paar sein.

Sickingen. Lasst mich hier.

Götz. In die Kirche sollt Ihr jetzt.

Sickingen. Gern – und danach?

Götz. Danach sollt Ihr Eurer Wege gehen.

Sickingen. Götz!

Götz. Wollt Ihr nicht in die Kirche?

Sickingen. Kommt, kommt!

1 Weiler: Ort in der Nähe von Jagsthausen

3.16 Lager.

Hauptmann. Ritter.

Hauptmann. Wie viele sind's noch insgesamt?

Ritter. Hundertundfünfzig.

Hauptmann. Von vierhundert! Das ist arg. Jetzt sofort aufgebrochen und grad nach Jagsthausen, ehe er sich erholt und sich uns wieder in den Weg stellt.

3.17 Jagsthausen

Götz. Elisabeth. Maria. Sickingen.

Götz. Gott segne euch, gebe euch glückliche Tage und behalte die, die er euch abzieht, für eure Kinder.

Elisabeth. Und die lasse er sein, wie ihr[1] seid: rechtschaffen! Und dann lasst sie werden, was sie wollen.

Sickingen. Ich danke euch. Und danke Euch, Maria. Ich führte Euch zum Altar, und Ihr sollt mich zur Glückseligkeit führen.

(Georg kommt.)

Georg *(heimlich)*. Ich kann niemanden auftreiben. Ein einziger war geneigt; danach änderte er seine Meinung und wollte nicht.

Götz. Gut, Georg. Das Glück fängt mir an wetterwendisch[2] zu werden. Ich ahnte es aber. *(Laut.)* Sickingen, ich bitte Euch, verlasst uns noch an diesem Abend. Beredet Marie. Sie ist Eure Frau.

1 ihr: gemeint sind Maria und Sickingen
2 wetterwendisch: unbeständig wie wechselhaftes Aprilwetter

(Knecht kommt.)

Knecht *(leise)*. Herr, die Reichstruppen sind auf dem Marsch, grad hierher, sehr schnell.

Götz. Wie viele sind sie?

Knecht. Ungefähr zweihundert. Sie können nicht zwei Stunden mehr von hier sein.

Götz. Noch jenseits des Flusses?

Knecht. Ja, Herr.

Götz. Wenn ich nur fünfzig Mann hätte, sie sollten mir nicht herüberkommen. Hast du Lerse nicht gesehen?

Knecht. Nein, Herr.

Götz. Befehle allen, sie sollen sich bereit halten. – Es muss geschieden sein, meine Lieben. Weine, meine gute Marie, es werden Augenblicke kommen, wo du dich freuen wirst. Es ist besser, du weinst an deinem Hochzeitstag, als dass übergroße Freude der Vorbote zukünftigen Elends wäre. Lebt wohl, Marie. Lebt wohl, Schwager.

Maria. Ich kann nicht von Euch, Schwester. Lieber Bruder, lass uns hier bleiben. Achtest du meinen Mann so wenig, dass du in dieser Notlage seine Hilfe verschmähst?

Götz. Ja, es ist weit mit mir gekommen. Vielleicht bin ich meinem Sturz nahe. Ihr beginnt zu leben und ihr sollt euch von meinem Schicksal trennen. Ich habe eure Pferde zu satteln befohlen. Ihr müsst gleich fort.

Maria. Bruder! Bruder!

Elisabeth *(zu Sickingen)*. Tut, was er sagt! Geht!

Sickingen. Liebe Marie, lass uns gehen.

Maria. Du auch? Mein Herz wird brechen.

Götz. So bleib denn. In wenigen Stunden wird meine Burg belagert sein.

Maria. Weh! Weh!

Götz. Wir werden uns verteidigen, so gut wir können.

Maria. Mutter Gottes, hab Erbarmen mit uns!

Götz. Und am Ende werden wir sterben oder uns ergeben.

Maria. Du marterst mich.

Götz. Bleib! Bleib! Wir werden zusammen gefangen werden. Sickingen, du wirst mit mir ins Grab fallen! Ich hoffte, du solltest mir heraushelfen.

Maria. Wir wollen fort.

Götz. Bringt sie in Sicherheit und dann erinnert Euch an mich.

Sickingen. Ich will ihr Bett nicht besteigen, bis ich Euch außer Gefahr weiß.

Götz. Schwester – liebe Schwester! *(Küsst sie.)*

Sickingen. Fort, fort!

Götz. – Ich sehe Euch wieder. Tröstet Euch. Wir sehen uns wieder.

(Sickingen, Maria ab.)

Götz. Ich trieb sie weg, und da sie geht, möchte ich sie halten. Elisabeth, du bleibst bei mir!

Elisabeth. Bis in den Tod. *(Ab.)*

Götz. Wen Gott lieb hat, dem gebe er so eine Frau!

(Georg kommt.)

Georg. Sie sind in der Nähe, ich habe sie vom Turm gesehen. Die Sonne ging auf und ich sah ihre Lanzen blinken. Als ich sie sah, hatte ich nicht mehr Angst als eine Katze vor einer Armee Mäuse. Allerdings spielen wir die Ratten.

Götz. Seht nach den Torriegeln. Verrammelt alles von innen mit Balken und Steinen. *(Georg ab.)* Wir wollen ihre Geduld zum Narren halten und ihre Tapferkeit auf die Probe stellen. *(Trompeter von außen.)* Aha! Ein Schurke in roter Uniform, der uns die Frage vorlegen wird, ob wir Hundsfötter[1] sein wollen. *(Er geht ans Fenster.)* Was soll's?

(Man hört in der Ferne reden.)

1 Hundsfötter: Schurken

Götz *(in seinen Bart)*. Einen Strick um deinen Hals.

(Trompeter redet fort.)

Götz. „Beleidiger der Majestät!" – Die Aufforderung hat ein Pfaff geschrieben.

(Trompeter endet.)

Götz *(antwortet)*. Mich ergeben? Auf Gnade und Ungnade! Mit wem redet Ihr! Bin ich ein Räuber? Sag deinem Hauptmann: Vor Ihro Kaiserliche Majestät hab ich, wie immer, den schuldigen Respekt. Er aber, sag's ihm, er kann mich im Arsch lecken[1].

(Schmeißt das Fenster zu.)

[1] So steht es in der ersten Ausgabe von 1773. Später wurden hier drei Striche eingefügt: er kann mich – – –.

1. Sickingen und Maria sind soeben getraut worden. Warum will Götz, dass sie sofort sein Schloss verlassen? (Es gibt mehrere Gründe.)
2. Was verlangt der Trompeter von Götz? Wie antwortet Götz?

3.18 Belagerung. Küche

Elisabeth. Götz zu ihr.

Götz. Du hast viel Arbeit, arme Frau.

Elisabeth. Ich wollte, ich hätte sie noch lange. Wir werden kaum standhalten können.

Götz. Wir hatten nicht Zeit uns zu versorgen.

Elisabeth. Und die vielen Leute, die Ihr in der letzten Zeit versorgt habt. Mit dem Wein sind wir auch schon fast am Ende.

Götz. Wenn wir nur bis zu einem gewissen Punkt durchhalten, dass sie Kapitulation[1] vorschlagen. Wir fügen ihnen tapfer Schaden zu. Sie schießen den ganzen Tag und verwunden unsere Mauern und machen unsere Scheiben kaputt. Lerse ist ein braver Kerl; er schleicht mit seiner Büchse herum; wo sich einer zu nahe heranwagt, blaff, liegt er.

Knecht. Holzkohlen, gnädige Frau. Die Kugeln sind alle, wir wollen neue gießen.

Götz. Wie steht es um das Pulver?

Knecht. So ziemlich. Wir sparen unsere Schüsse wohl auf.

3.19 Saal

Lerse mit einer Kugelform. Knecht mit Kohlen.

Lerse. Stell sie hierher und sieh, wo du im Hause Blei herkriegst. Inzwischen will ich hier zugreifen. *(Hebt ein Fenster aus und schlägt die Scheiben ein.)* Alle Vorteile gelten. – So geht's in der Welt; weiß kein Mensch, was aus den Dingen werden kann. Der Glaser, der die Scheiben mit Blei einfasste, dachte gewiss nicht, dass das Blei einem seiner Urenkel schlimmes Kopfweh machen könnte! Und da mich mein Vater zeugte, dachte er nicht, welcher Vogel unter dem Himmel, welcher Wurm auf der Erde mich fressen könnte.

(Georg kommt mit einer Dachrinne.)

Georg. Da hast du Blei. Wenn du nur mit der Hälfte triffst, dann entgeht keiner.

Lerse *(haut davon etwas ab)*. Ein schönes Stück.

Georg. Der Regen mag sich einen andern Weg suchen! Ein braver Reiter und ein rechter Regen kommen überall durch.

1 Kapitulation: Übergabe der Burg nach ausgehandelten Bedingungen, sicheres Geleit für die Verteidiger

Lerse. *(Er gießt eine Kugel.)* Halt den Löffel. *(Geht ans Fenster.)* Da zieht so ein Reichsknappe mit dem Gewehr herum; sie denken, wir haben nichts mehr zum Schießen. Er soll die Kugel versuchen, warm wie sie aus der Pfanne kommt. *(Lädt das Gewehr.)*
Georg *(lehnt den Löffel an).* Lass mich sehen.
Lerse *(schießt).* Da liegt der Spatz.

Georg. Der schoss vorhin nach mir *(sie gießen),* wie ich zum Dachfenster hinausstieg und die Rinne holen wollte. Er traf eine Taube, die nicht weit von mir saß, sie stürzte in die Rinne; ich dankte ihm für den Braten und stieg mit der doppelten Beute wieder herein.
Lerse. Nun wollen wir die Gewehre gut laden und im ganzen Schloss herumgehen, um unser Mittagessen zu verdienen.

(Götz kommt.)
Götz. Bleib, Lerse! Ich habe mit dir zu reden! Dich, Georg, will ich nicht von der Jagd abhalten.
(Georg ab.)
Götz. Sie bieten mir einen Vertrag an.
Lerse. Ich will zu ihnen hinaus und hören, was sie wollen.
Götz. Es wird sein: Ich soll mich auf Bedingungen in ritterliches Gefängnis begeben.
Lerse. Das ist nichts. Wie wär's, wenn sie uns freien Abzug erlauben würden? Wir werden Geld und Silber vergraben, wo sie's mit keiner Wünschelrute finden können, überlassen ihnen das Schloss und kämen so auf anständige Art und Weise davon.
Götz. Sie lassen uns nicht gehen.

Lerse. Es kommt auf einen Versuch an. Wir wollen um sicheres Geleit rufen, und ich will hinaus. *(Ab.)*

1. Götz hat Schwierigkeiten, die Burg zu verteidigen. Welche sind es?
2. Wie stellen sich Götz und Lerse die Beendigung der Belagerung vor?

3.20 Saal

Götz, Elisabeth, Georg, Knechte bei Tisch.

Götz. So bringt uns die Gefahr zusammen. Lasst's euch schmecken, meine Freunde! Vergesst das Trinken nicht. Die Flasche ist leer. Noch eine, liebe Frau. *(Elisabeth zuckt die Achsel.)* Ist keine mehr da?

Elisabeth *(leise)*. Noch eine; ich hab sie für dich beiseite gestellt.

Götz. Nicht doch, Liebe! Gib sie heraus. Sie brauchen Stärkung, nicht ich; es ist ja meine Sache.

Elisabeth. Holt sie draußen aus dem Schrank!

Götz. Es ist die letzte. Und mir ist's, als ob wir nicht zu sparen bräuchten. Ich bin lange nicht so vergnügt gewesen. *(Schenkt ein.)* Es lebe der Kaiser!

Alle. Er lebe!

Götz. Das soll unser vorletztes Wort sein, wenn wir sterben! Ich lieb ihn, denn wir haben das gleiche Schicksal. Und ich bin noch glücklicher als er. Ich weiß, er wünscht sich manchmal lieber tot, als länger die Seele eines so krüppeligen Körpers[1] zu sein. *(Schenkt ein.)* Der Wein reicht gerade noch für eine Runde.

1 krüppeliger Körper: Damit ist das deutsche Kaiserreich gemeint.

Und wenn unser Blut anfängt, zur Neige zu gehen, wie der Wein in dieser Flasche, erst schwach, dann tropfenweise rinnt *(tröpfelt das Letzte in sein Glas)*, was soll unser letztes Wort sein?

Georg. Es lebe die Freiheit!

Götz. Es lebe die Freiheit!

Alle. Es lebe die Freiheit!

Götz. Und wenn die uns überlebt, können wir ruhig sterben. Denn wir sehen im Geist unsere Enkel glücklich und die Kaiser unsrer Enkel glücklich. Wenn die Diener der Fürsten so edel und frei dienen wie ihr mir, wenn die Fürsten dem Kaiser dienen, wie ich ihm dienen möchte –

Georg. Da müsste vieles anders werden.

Götz. So viel nicht, wie es scheinen mag. Hab ich nicht unter den Fürsten vortreffliche Menschen gekannt und sollten sie ausgestorben sein? Gute Menschen, die in sich und ihren Untertanen glücklich waren; die einen edeln freien Nachbar neben sich leiden konnten und ihn weder fürchteten noch beneideten.

Georg. Habt Ihr solche Herren gekannt?

Götz. Wohl. Ich erinnere mich zeitlebens, wie der Landgraf von Hanau eine Jagd gab und die Fürsten und Herren, die anwesend waren, unter freiem Himmel speisten und das Landvolk herbeilief, um sie zu sehen. Das war keine Maskerade, die er sich selbst zu Ehren inszeniert hatte. Aber die vollen runden Köpfe der Burschen und Mädel, die roten Backen alle, und die reichen und zufriedenen Männer und die stattlichen Greise, und alles fröhliche Gesichter, und wie sie teilnahmen an der Herrlichkeit ihres Herrn, der auf Gottes Boden unter ihnen sich ergötzte!

Georg. Das war ein Herr, vollkommen wie Ihr.

Götz. Sollten wir nicht hoffen, dass mehr solcher Fürsten auf einmal herrschen können, dass Verehrung des Kaisers, Friede und Freundschaft der Nachbarn und Liebe der Untertanen der kostbarste Familienschatz sein wird, der sich auf Enkel und Urenkel vererbt?

Georg. Würden wir danach noch in den Kampf reiten?

Götz. Wollte Gott, es gäbe keine unruhigen Köpfe in ganz Deutschland! Wir würden noch immer genug zu tun finden. Wir wollten die Gebirge von Wölfen säubern, wollten unserm ruhig ackernden Nachbar einen Braten aus dem Wald holen und dafür die Suppe mit ihm essen. Wäre uns das nicht genug, würden wir die Ruhe des Reichs gegen seine Feinde beschützen. Das wäre ein Leben! Georg! Wenn man seine Haut für die allgemeine Glückseligkeit dransetzte. *(Georg springt auf.)* Wo willst du hin?

Georg. Ach ich vergaß, dass wir eingesperrt sind – und der Kaiser hat uns eingesperrt –

Götz. Sei guten Muts.

(Lerse kommt.)

Lerse. Freiheit! Freiheit! Ihr könnt abziehen mit Waffen, Pferden und Rüstung. Proviant sollt Ihr dalassen.

Götz. Sie werden sich kein Zahnweh daran kauen.
Lerse *(heimlich)*. Habt Ihr das Silber versteckt?
Götz. Nein! Frau, geh mit Lerse, er hat dir was zu sagen.
(Alle ab.)

1. Wer trinkt die letzte Flasche Wein?
2. Welche politischen Ideale hat Götz? Wie stellt er sich den idealen Fürsten vor?

3.21 Schlosshof

Georg *(im Stall, singt)*.

Es fing ein Knab ein Vögelein,
Hm! Hm!
Da lacht' er in den Käfig 'nein*, — hinein
Hm! Hm!
So! So!
Hm! Hm!
Der freut' sich traun* so läppisch*, — wahrhaftig, kindisch
Hm! Hm!
Und griff hinein so täppisch*, — ungeschickt
Hm! Hm!
So! So!
Hm! Hm!
Da flog das Meislein auf ein Haus,
Hm! Hm!
Und lacht' den dummen Buben aus,
Hm! Hm!
So! So!
Hm! Hm!

Götz. Wie steht's?

Georg *(führt sein Pferd heraus).* Sie sind gesattelt.

Götz. Du bist fix.

Georg. Wie der Vogel aus dem Käfig.

(Alle Leute sind zusammen.)

Götz. Ihr habt eure Gewehre? Nicht doch! Geht hinauf und nehmt die besten aus dem Rüstschrank, sie sind sowieso weg. Wir wollen vorausreiten.

Georg. Hm! Hm!
So! So!
Hm! Hm! *(Ab.)*

3.22 Saal

Zwei Knechte am Waffenschrank.

Erster Knecht. Ich nehme die.

Zweiter Knecht. Ich die. Da ist noch eine schönere.

Erster Knecht. Nicht doch! Mach, dass du fortkommst.

Zweiter Knecht. Horch!

Erster Knecht *(springt ans Fenster).* Hilf, heiliger Gott! Sie ermorden unsern Herrn. Er fällt vom Pferd! Georg stürzt!

Zweiter Knecht. Wohin retten wir uns! An der Mauer den Nussbaum hinunter ins Feld. *(Ab.)*

Erster Knecht. Lerse hält sich noch, ich will zu ihm. Wenn sie sterben, mag ich nicht leben. *(Ab.)*

1. Welche Übergabebedingungen hatte Lerse ausgehandelt?
2. Was beobachtet der erste Knecht?

Vierter Akt

4.1 Wirtshaus zu Heilbronn

Götz.

Götz. Ich komme mir vor wie der böse Geist, den der Kapuziner in einen Sack gebannt hat[1]. Ich mühe mich ab und erreiche nichts. Die Meineidigen![2]

(Elisabeth kommt.)

Götz. Gibt es Nachrichten, Elisabeth, von meinen lieben Getreuen?

Elisabeth. Nichts Gewisses. Einige sind erstochen, einige liegen im Gefängnis. Es konnte oder wollte niemand mir die Namen nennen.

Götz. Ist das ihre Belohnung für ihre Treue? für den kindlichen Gehorsam? – Auf dass dir's wohl ergehe und du lange lebest auf Erden![3]

Elisabeth. Lieber Mann, beschimpfe unsern himmlischen Vater nicht. Sie haben ein freies edles Herz. Lass sie gefangen sein, sie sind doch frei! Gib Acht auf die vom Kaiser eingesetzten Räte –

Götz. Wenn ich Georg und Lerse gefesselt sähe!

Elisabeth. Es wäre ein Anblick, um Engel weinen zu machen.

Götz. Ich wollte nicht weinen. Ich wollte die Zähne zusammenbeißen und an meinem Grimm kauen. In Ketten meine

1 Kapuziner sind Mönche (Franziskaner). Nach dem Volksaberglauben der damaligen Zeit konnten sie böse Geister in Säcke bannen.
2 Meineidig ist ein Mensch, der einen Eid geschworen hat und weiß, dass er ihn nicht halten wird.
3 4. Gebot: Du sollst deine Eltern ehren ... (2. Moses, Kap. 20, Abschnitt 12)

Augäpfel! Ihr lieben Jungen, hättet ihr mich nicht geliebt! – Im Namen des Kaisers ihr Wort nicht zu halten!

Elisabeth. Schlagt Euch diese Gedanken aus dem Kopf. Bedenkt, dass Ihr heute vor den Räten erscheinen sollt. Ihr seid nicht in der Stimmung, ihnen angemessen zu begegnen, und ich fürchte das Schlimmste.

Götz. Was wollen sie mir anhaben?

Elisabeth. Der Gerichtsbote!

(Gerichtsdiener kommt.)

Gerichtsdiener. Die Herren Kommissarii[1] sind im Rathaus versammelt und schicken nach Euch.

Götz. Ich komme.

Gerichtsdiener. Ich werde Euch begleiten.

Götz. Viel Ehre.

Elisabeth. Mäßigt Euch.

Götz. Mach dir keine Sorgen. *(Ab.)*

4.2 Rathaus

Kaiserliche Räte. Hauptmann. Ratsherren von Heilbronn.

Ratsherr. Wir haben auf Euern Befehl die stärksten und tapfersten Bürger versammelt; sie warten hier in der Nähe auf Euern Wink, um sich Berlichingens zu bemächtigen.

Erster Rat. Wir werden Ihro Kaiserlichen Majestät von Eurer Bereitwilligkeit, Ihrem höchsten Befehl zu gehorchen, mit großem Vergnügen berichten. – Es sind Handwerker?

Ratsherr. Schmiede, Zimmerleute, Männer mit geübten Fäusten.

Rat. Gut.

1 die Herren Kommissarii: die kaiserlichen Richter

(Gerichtsdiener kommt.)

Gerichtsdiener. Götz von Berlichingen wartet vor der Tür.

Rat. Lasst ihn herein.

(Götz kommt.)

Götz. Gott grüß euch, Ihr Herren, was wollt Ihr von mir?

Rat. Zuerst, dass Ihr bedenkt, wo Ihr seid! Und vor wem!

Götz. Bei meinem Eid, ich verkenne Euch nicht, meine Herren.

Rat. Ihr tut Eure Schuldigkeit.

Götz. Von ganzem Herzen.

Rat. Setzt Euch.

Götz. Da unten hin? Ich kann stehen. Das Stühlchen riecht so nach armen Sündern[1], wie überhaupt die ganze Stube.

Rat. So steht!

Götz. Zur Sache, wenn's gefällig ist[2].

Rat. Wir werden in der Ordnung verfahren.

Götz. Bin's wohl zufrieden, wollte, es wäre schon immer geschehen.

Rat. Ihr wisst, wie Ihr auf Gnad und Ungnad in unsere Hände kamt.

Götz. Was gebt Ihr mir, wenn ich's vergesse?

Rat. Wenn ich Euch Bescheidenheit geben könnte, würde ich Eure Sache gut machen.

Götz. Gut machen! Wenn Ihr das könntet! Dazu gehört freilich mehr als zum Verderben.

Schreiber. Soll ich das alles protokollieren?

Rat. Was zur Verhandlung gehört.

Götz. Meinetwegen dürft Ihr's drucken lassen.

Rat. Ihr wart in der Gewalt des Kaisers, dessen väterliche Gnade an den Platz der majestätischen Gerechtigkeit trat, und der Euch, anstatt eines Gefängnisses, Heilbronn, eine seiner gelieb-

1 arme Sünder: zum Tode verurteilte Verbrecher
2 wenn's gefällig ist: bitte

ten Städte, zum Aufenthalt bestimmte. Ihr verspracht mit einem Eid, Euch, wie es sich für einen Ritter gehört, dem Gericht zu stellen und das Weitere demütig zu erwarten.

Götz. Wohl, und ich bin hier und warte.

Rat. Und wir sind hier, Euch Ihro Kaiserlichen Majestät Gnade und Huld zu verkündigen. Sie verzeiht Euch Eure Gesetzesübertretungen, spricht Euch von der Acht und aller wohlverdienten Strafe frei, was Ihr mit untertänigem Dank anerkennt und die Urfehde schwören werdet, welche Euch hiermit vorgelesen werden soll.

Götz. Ich bin Ihro Majestät treuer Knecht wie immer. Noch ein Wort, ehe Ihr weitermacht: Meine Leute, wo sind die? Was soll mit ihnen werden?

Rat. Das geht Euch nichts an.

Götz. So wende der Kaiser sein Angesicht von Euch, wenn Ihr in Not seid! Sie waren meine Gesellen und sind's immer noch. Wo habt Ihr sie hingebracht?

Rat. Wir sind Euch darüber keine Rechenschaft schuldig.

Götz. Ah! Ich dachte –

Rat. Unsere Kommission ist, Euch den Vertrag vorzulegen. Unterwerft Euch dem Kaiser, und Ihr werdet einen Weg finden, um Leben und Freiheit für Eure Gesellen zu erbitten.

Götz. Euern Zettel.

Rat. Schreiber, lest!

Schreiber. „Ich, Götz von Berlichingen, bekenne öffentlich durch dieses Schreiben: Dass, da ich mich neulich gegen Kaiser und Reich rebellischerweise aufgelehnt“ –

Götz. Das ist nicht wahr. Ich bin kein Rebell, habe gegen Ihro Kaiserliche Majestät nichts verbrochen und das Reich geht mich nichts an.

Rat. Mäßigt Euch und hört weiter.

Götz. Ich will nichts weiter hören. Tret einer auf und bezeuge das! Hab ich gegen den Kaiser, gegen das Haus Österreich nur

einen Schritt getan? Hab ich nicht von jeher durch alle Handlungen bewiesen, dass ich besser als jeder andere fühle, was Deutschland seinen Regenten[1] schuldig ist? und besonders was die Kleinen, die Ritter und Freien, ihrem Kaiser schuldig sind? Ich müsste ein Schurke sein, wenn ich mich überreden ließe, das zu unterschreiben.

1 Regenten: der Kaiser und alle Fürsten

Rat. Und doch haben wir ausdrücklichen Befehl, Euch in Güte zu überreden oder andernfalls Euch in den Turm zu werfen.

Götz. In den Turm? Mich?

Rat. Und dort könnt Ihr Euer Schicksal von der Gerechtigkeit erwarten, wenn Ihr es nicht aus den Händen der Gnade empfangen wollt.

Götz. In den Turm! Ihr missbraucht die Kaiserliche Gewalt. In den Turm! Das ist sein Befehl nicht.

Rat. Einem Räuber sind wir nicht schuldig, unser Wort zu halten.

Götz. Wenn nicht das Ebenbild des Kaisers an deiner Halskette wäre, du solltest mir den Räuber fressen und oder daran ersticken! Du könntest Gott danken und stolz darauf sein, wenn du in deinem Leben eine so edle Tat vollbracht hättest wie die, um deretwillen ich gefangen sitze.

Rat *(winkt dem Ratsherrn, der zieht die Schelle.)*

Götz. Nicht um Land und Leute den wehrlosen Rittern wegzunehmen, bin ich ausgezogen. Sondern um meinen Knappen zu befreien und mich meiner Haut zu wehren! Seht Ihr was Unrechtes daran? Ich habe Gott sei Dank noch *eine* Hand und habe gut daran getan, sie zu gebrauchen.

(Bürger treten herein, Stangen in der Hand, Schwerter an der Seite.)

INFO

Ebenbild des Kaisers

Die Richter hatten damals an ihrer goldenen Amtskette eine Medaille mit dem Bild des Kaisers.
Götz verehrt das Bild des Kaisers und respektiert daher auch die, die es an einer Kette um den Hals tragen.

Götz. Was soll das?

Rat. Ihr wollt nicht hören. Fangt ihn!

Götz. Ist das die Absicht? Wer kein ungarischer Ochs[1] ist, komm mir nicht zu nahe! Er soll von dieser meiner rechten eisernen Hand eine solche Ohrfeige kriegen, die ihm Kopfweh, Zahnweh und alles Weh der Erden für alle Zeiten kuriert. *(Sie machen sich an ihn, er schlägt einen zu Boden und reißt einem andern das Schwert von der Seite, sie weichen.)* Kommt! Kommt! Es wäre mir angenehm, den Tapfersten unter euch kennen zu lernen.

Rat. Ergebt Euch.

Götz. Mit dem Schwert in der Hand! Wisst Ihr, dass es jetzt nur an mir läge, mich durch alle diese Hasenjäger durchzuschlagen und das weite Feld zu gewinnen? Aber ich will Euch lehren, wie man Wort hält. Versprecht mir ritterliches Gefängnis, und ich gebe mein Schwert weg und bin wie vorher Euer Gefangener.

Rat. Mit dem Schwert in der Hand wollt Ihr mit dem Kaiser verhandeln?

Götz. Behüte Gott! Nur mit Euch und Eurer vornehmen Gesellschaft. – Ihr könnt nach Hause gehen, gute Leute. Für die versäumte Arbeitszeit kriegt ihr nichts, und zu holen ist hier nichts als Beulen.

Rat. Ergreift ihn. Gibt Euch Eure Liebe zu Euerm Kaiser nicht mehr Mut?

Götz. Nicht mehr, als ihnen der Kaiser Pflaster gibt, die Wunden zu heilen, die sich ihr Mut holen könnte.

(Gerichtsdiener kommt.)

Gerichtsdiener. Eben ruft der Türmer: Es zieht ein Trupp von mehr als zweihundert Reitern zur Stadt. Überraschend sind sie hinter dem Weinberg hervorgekommen und bedrohen unsere Stadtmauern.

1 Ungarische Ochsen galten als besonders stark.

Ratsherr. Weh uns! Was ist das?

(Wache kommt.)

Wache. Franz von Sickingen hält vor dem Stadttor und lässt Euch sagen: Er habe gehört, wie unwürdig man an seinem Schwager wortbrüchig geworden sei, wie die Herren von Heilbronn dazu beigeholfen haben. Er verlange Rechenschaft, sonst will er binnen einer Stunde die Stadt an vier Ecken anzünden und sie der Plünderung preisgeben.

Götz. Braver Schwager!

Rat. Tretet ab, Götz! – Was ist zu tun?

Ratsherr. Habt Mitleid mit uns und unserer Bürgerschaft! Sickingen ist unbeherrscht in seinem Zorn, er ist ein Mann, seine Drohung wahr zu machen.

Rat. Sollen wir und der Kaiser auf die Ausübung des Rechts verzichten?

Hauptmann. Wenn wir nur Leute hätten, das Recht durchzusetzen. So aber könnten wir umkommen und die Sache wäre nur desto schlimmer. Wir gewinnen durch Nachgeben.

Ratsherr. Wir wollen Götz ansprechen, für uns ein gutes Wort einzulegen. Mir ist's, als wenn ich die Stadt schon in Flammen sähe.

Rat. Lasst Götz wieder herein.

Götz. Was soll's?

Rat. Du würdest gut daran tun, deinen Schwager von seinem rebellischen Vorhaben abzuhalten. Anstatt dich vom Verderben zu retten, stürzt er dich tiefer hinein, indem er sich auf deine Seite stellt.

Götz *(sieht Elisabeth an der Tür, heimlich zu ihr)*. Geh hin! Sag Sickingen: Er soll unverzüglich stürmen, soll hierher kommen, nur der Stadt kein Leid zufügen. Wenn sich die Schurken hier widersetzen, soll er Gewalt anwenden. Es liegt mir nichts dran, umzukommen, wenn sie nur alle mit erstochen werden.

1. Wie verteidigt sich Götz?
2. Wozu wollen ihn die Räte verurteilen?
3. Warum lassen die Räte die stärksten Männer der Stadt kommen? Was richten sie gegen Götz aus?
4. Welche Rettung gibt es zum Schluss für Götz?

4.3 Ein großer Saal auf dem Rathaus

Sickingen. Götz.
Das ganze Rathaus ist mit Sickingens Reitern besetzt.

Götz. Das war Hilfe vom Himmel! Wie kommst du so erwünscht und unvermutet, Schwager?

Sickingen. Ohne Zauberei. Ich hatte zwei, drei Boten ausgeschickt, um zu hören, wie dir's ginge. Auf die Nachricht von ihrem Meineid machte ich mich auf den Weg. Nun haben wir sie.

Götz. Ich verlange nichts als ritterliche Haft.

Sickingen. Du bist zu ehrlich. Nicht einmal den Vorteil auszunutzen, den der Rechtschaffene über den Meineidigen hat! Sie sind im Unrecht, wir wollen ihnen keine Kissen unterlegen. Sie haben die Befehle des Kaisers schändlich missbraucht. Und wie ich Ihro Majestät kenne, darfst du sicher mehr verlangen. Es ist zu wenig.

Götz. Ich bin von jeher mit wenigem zufrieden gewesen.

Sickingen. Und bist von jeher zu kurz gekommen. Meine Meinung ist: Sie sollen deine Knechte aus dem Gefängnis befreien und dich auf deinen Eid mit ihnen zu deiner Burg ziehen lassen. Du magst versprechen, nicht aus deinem Gebiet zu gehen und es wird dir dort immer noch besser gehn als hier. Ich kenne den Kaiser und gelte was bei ihm. Er hat immer gewünscht, dich in seinem Heer zu haben. Du wirst nicht lang auf deinem Schloss sitzen, dann wirst du zum Kriegsdienst gerufen werden.

Götz. Wollte Gott bald, ehe ich das Fechten verlerne.

Sickingen. Der Mut verlernt sich nicht, wie er sich nicht erlernen lässt. Sorge dich nicht! Wenn deine Sachen in Ordnung sind, geh ich an den Hof, denn meine Unternehmung fängt an reif zu werden. Und wenn wir unser Schicksal beeinflussen können, so wirst du bald der Schwager eines Kurfürsten sein. Ich hoffte auf deine Faust bei dieser Unternehmung.

Götz. Deine Seele fliegt hoch[1]. Ich weiß nicht; seit einiger Zeit wollen sich in der meinigen keine fröhlichen Aussichten eröffnen. – Ich war schon mehrmals im Unglück, schon einmal gefangen, doch so, wie mir's jetzt ist, war mir's noch niemals. *(Ab.)*

1 Du hast große Pläne.

1. Welche Forderungen will Götz an das Gericht stellen?
2. Wie sieht Sickingen seine Zukunft und die von Götz?

INFO

Kurfürsten

„Kur" bedeutet „Wahl". Die sieben Kurfürsten hatten im alten Deutschen Reich das Recht, den neuen Kaiser zu wählen.

- Die drei geistlichen Kurfürsten waren die Erzbischöfe von Mainz, Köln und Trier.
- Die vier weltlichen Kurfürsten waren der Pfalzgraf am Rhein, der Herzog von Sachsen, der Markgraf von Brandenburg und der König von Böhmen.

4.4 Adelheids Schloss

Der Schauplatz dieser Szene sind Adelheids Gemächer am Hof des Kaisers in Wien.

Adelheid. Weislingen.

Adelheid. Verdammt!

Weislingen. Ich habe die Zähne zusammengebissen. Ein so schöner Angriff, so glücklich ausgeführt, und am Ende ihn auf sein Schloss zu lassen! Der verdammte Sickingen!

Adelheid. Sie hätten's nicht tun dürfen.

Weislingen. Sie saßen in der Falle. Was konnten sie machen? Sickingen drohte mit Feuer und Schwert, der hochmütige jähzornige Mann! Ich hasse ihn. Sein Ansehen nimmt zu wie ein Strom.

Adelheid. Hatten sie keinen Kaiser?

Weislingen. Liebe Frau! Er ist nur noch der Schatten eines Kaisers, er wird alt und missmutig. Als er hörte, was geschehen war, und ich mich wie die übrigen Minister aufregte, sagte er: „Lasst ihn in Ruh! Ich kann dem alten Götz wohl das Plätzchen gönnen, und wenn er sich da still verhält, was habt ihr über ihn zu klagen?"

Adelheid. Er verliert den Geist eines Herrschers.

Weislingen. Wir schimpften auf Sickingen. – „Er ist mein treuer Diener", sagte er; „er hat es zwar nicht auf meinen Befehl getan, aber er tat doch besser meinen Willen als meine Bevollmächtigten und ich kann's gutheißen."

Adelheid. Man möchte sich zerreißen.

Weislingen. Ich habe noch nicht alle Hoffnung aufgegeben. Er ist auf sein ritterliches Wort auf sein Schloss gelassen worden, um sich da still zu verhalten. Das ist ihm unmöglich; wir werden bald einen Klagegrund gegen ihn haben.

Adelheid. Und desto eher, weil wir hoffen können, der Kaiser werde bald aus der Welt gehen, und weil Karl, sein vortrefflicher Nachfolger, majestätischere Gesinnung verspricht.

Weislingen. Karl? Er ist bisher weder gewählt noch gekrönt.

Adelheid. Wer wünscht und hofft es nicht?

Weislingen. Du hast einen großen Begriff von seinen Eigenschaften; fast sollte man denken, du sähest ihn mit andern Augen.[1]

Adelheid. Du beleidigst mich, Weislingen. Kennst du mich so?

Weislingen. Ich sagte nichts, um dich zu beleidigen. Aber schweigen kann ich nicht! Karls ungewöhnliche Aufmerksamkeit für dich beunruhigt mich.

Adelheid. Und mein Verhalten?

Weislingen. Du bist ein Weib. Ihr hasst keinen, der euch hofiert[2].

Adelheid. Aber ihr?

Weislingen. Er nagt mir am Herzen, der fürchterliche Gedanke! Adelheid!

Adelheid. Kann ich deine Torheit kurieren?

Weislingen. Wenn du wolltest! Du könntest dich vom Hof entfernen.

Adelheid. Soll ich dich hier allein lassen und meine Freunde, um auf meinem Schloss mich mit den Uhus zu unterhalten? Nein, Weislingen, daraus wird nichts. Beruhige dich, du weißt, wie ich dich liebe.

Weislingen. Deine Liebe ist der heilige Anker in diesem Sturm, solange der Strick nicht reißt. *(Ab.)*

Adelheid. Fängst du so an! Das fehlte noch. Die Unternehmungen meines Herzens sind zu groß, als dass du ihnen im Wege stehen könntest. Karl! Großer vortrefflicher Mann, und später

1 mit anderen Augen: mit den Augen einer Verliebten
2 hofieren: den Hof machen, schmeicheln

einmal Kaiser! Und sollte er der Einzige sein unter den Männern, dem der Besitz meiner Gunst nicht schmeichelte? Weislingen, denke nicht mich zu hindern, sonst musst du zu Boden, mein Weg geht über dich hin.

(Franz kommt mit einem Brief.)

Franz. Hier, gnädige Frau.

Adelheid. Gab dir Karl ihn selbst?

Franz. Ja.

Adelheid. Was hast du? Du siehst so kummervoll aus.

Franz. Es ist Euer Wille, dass ich mich totschmachten[1] soll; ich verzweifle.

Adelheid *(für sich)*. Er tut mir Leid – und wie wenig kostet's mich, ihn glücklich zu machen! *(Zu Franz.)* Sei guten Muts, Junge. Ich fühle deine Liebe und Treue und werde nicht undankbar sein.

Franz *(beklommen)*. Wenn Ihr dazu fähig wärt, ich müsste vor Wonne vergehen. Mein Gott, ich habe keinen Blutstropfen in mir, der nicht Euer wäre, keinen Sinn als Euch zu lieben und zu tun, was Euch gefällt!

Adelheid. Lieber Junge!

Franz. Ihr schmeichelt mir. *(In Tränen ausbrechend.)* Wenn meine Ergebenheit nichts mehr verdient, als sehen zu müssen, wie andere vorgezogen werden, wie Eure Gedanken sich alle auf den Karl richten –

Adelheid. Du weißt nicht, was du willst, noch weniger, was du redest.

Franz *(vor Verdruss und Zorn mit dem Fuß stampfend)*. Ich will auch nicht mehr. Will nicht mehr den Boten spielen.

Adelheid. Franz! Du vergisst dich.

Franz. Mich aufzuopfern! Meinen lieben Herrn!

1 sich totschmachten: vor Liebessehnsucht sterben

Adelheid. Geh mir aus den Augen.

Franz. Gnädige Frau!

Adelheid. Geh, entdecke deinem lieben Herrn mein Geheimnis. Ich war eine Närrin dich für etwas zu halten, das du nicht bist.

Franz. Liebe gnädige Frau, Ihr wisst, dass ich Euch liebe.

Adelheid. Und du warst mein Freund, meinem Herzen so nahe. Geh, verrate mich.

Franz. Eher würde ich mir das Herz aus dem Leibe reißen! Verzeiht mir, gnädige Frau. Mein Herz ist zu voll, meine Sinne halten's nicht aus.

Adelheid. Lieber herzensguter Junge! *(Fasst ihn bei den Händen, zieht ihn zu sich und ihre Küsse begegnen einander; er fällt ihr weinend um den Hals.)*

Adelheid. Lass mich!

Franz *(erstickend in Tränen an ihrem Hals)*. Gott! Gott!

Adelheid. Lass mich, die Mauern sind Verräter. Lass mich. *(Macht sich los.)* Bleib standhaft bei deiner Liebe und Treue, und der schönste Lohn soll dir werden. *(Ab.)*

Franz. Der schönste Lohn! Nur bis dahin lass mich leben! Ich wollte meinen Vater ermorden, der mir diesen Platz streitig machte.

1. Wie hat der Kaiser darauf reagiert, dass Götz auf seine Burg zurückgekehrt ist?
2. Welche Pläne hat Adelheid?
3. Warum ist Weislingen eifersüchtig?
4. Warum gibt Adelheid den Wünschen von Franz nach?

4.5 Jagsthausen.

Götz an einem Tisch. Elisabeth bei ihm mit einer Arbeit; es steht ein Licht auf dem Tisch und Schreibzeug.

Götz. Die Untätigkeit will mir gar nicht schmecken, und meine Beschränkung wird mir von Tag zu Tag enger; ich wollt, ich könnte schlafen oder mir nur einbilden, die Ruhe sei was Angenehmes.

Elisabeth. So schreib doch deine Geschichte weiter, die du angefangen hast. Gib deinen Freunden ein Zeugnis in die Hand, deine Feinde zu beschämen; verschaff einer edlen Nachkommenschaft die Freude, dich nicht zu verkennen.

Götz. Ach! Schreiben ist geschäftiger Müßiggang, es fällt mir schwer. Wenn ich schreibe, was ich getan habe, ärgere ich mich über den Verlust der Zeit, in der ich etwas tun könnte.

(Lerse. Georg mit erlegtem Wild.)

Götz. Glück zu, brave Jäger!

Georg. Das sind wir aus tapferen Reitern geworden. Aus Stiefeln machen sich leicht Pantoffeln.

Lerse. Die Jagd ist doch immer noch etwas, eine Art von Krieg.

Georg. Wenn man nur nicht überall mit Reichsknechten zu tun hätte. Es sind bedrohliche Zeiten. Schon seit acht Tagen kann man einen fürchterlichen Kometen[1] sehen, ganz Deutschland ist in Angst, es bedeute den Tod es Kaisers, der sehr krank ist.

Götz. Sehr krank! Auch mein Leben geht zu Ende.

Lerse. Und hier in der Nähe gibt es noch schrecklichere Veränderungen. Die Bauern haben einen schlimmen Aufstand angezettelt.

Götz. Wo?

1 Komet: ein Stern mit einem langen Schweif

Lerse. Im Herzen von Schwaben. Sie plündern, brennen und morden. Ich fürchte, sie verheeren das ganze Land.

Georg. Einen fürchterlichen Krieg gibt's. Es haben schon an die hundert Ortschaften einen Aufstand gemacht und täglich werden es mehr. Der Sturmwind neulich hat ganze Wälder entwurzelt, und kurz darauf hat man in der Gegend, wo der Aufstand begonnen hat, zwei gekreuzte feurige Schwerter in der Luft gesehen.

Götz. Da leiden von meinen Freunden gewiss unschuldige mit!

Georg. Schade, dass wir nicht reiten dürfen!

1. Wie fühlt sich Götz auf seiner Burg?
2. Womit vertreiben er und seine Leute sich die Zeit?
3. Was erfahren wir über den so genannten „Bauernkrieg“ (1524–1525)?

Fünfter Akt

5.1 Bauernkrieg

Tumult in einem Dorf und Plünderung
Weiber und Alte mit Kindern und Gepäck. Flucht.

Alter. Fort! Fort, dass wir den Mordhunden entgehen!

Weib. Heiliger Gott, wie blutrot der Himmel ist, die untergehende Sonne blutrot!

Mutter. Das bedeutet Feuer.

Weib. Mein Mann! Mein Mann!

Alter. Fort! Fort! In den Wald!

(Ziehen vorbei. – Link.)

Link. Was sich widersetzt, niedergestochen! Das Dorf ist unser. Dass von den Lebensmitteln nichts umkommt, nichts zurückbleibt. Plündert alles und schnell! Wir zünden gleich an.

(Metzler vom Hügel heruntergelaufen.)

Metzler. Wie geht's Euch, Link?

Link. Drunter und drüber, siehst du, du kommst zum Kehraus[1]. Woher?

Metzler. Von Weinsberg. Da war ein Fest.

Link. Wie?

Metzler. Wir haben sie zusammengestochen, dass es eine Lust war.

Link. Wen alles?

Metzler. Dietrich von Weiler tanzte vor. Das Bürschchen! Er oben auf'm Kirchturm wollt im Guten mit uns handeln. Paff! Schoss ihn einer vorn Kopf. Wir hinauf wie der Blitz und zum Fenster herunter mit dem Kerl.

Link. Ah!

Metzler *(zu den Bauern)*. Ihr Hunde, soll ich euch Beine machen! Wie sie zaudern und trödeln, die Esel.

Link. Brennt an! Sie mögen drin braten! Fort!

Metzler. Danach führten wir den Helfenstein heraus, den Eltershofen, an die dreizehn von Adel, zusammen an die achtzig. Herausgeführt auf die Ebene gegen Heilbronn. Das war ein Jubilieren und ein Tumultuieren von den Unsrigen, wie die lange Reih arme reiche Sünder daherzog, einander anstarrten, und Erd und Himmel! Umringt waren sie, ehe sie es bemerkten, und alle mit Spießen niedergestochen.

Link. Dass ich nicht dabei war!

1 Kehraus: letzter Tanz

Metzler. Hab in meinem Leben noch nie so ein Gaudium[1] gehabt.

Link. Fahrt zu! Heraus!

Bauer. Alles ist leer.

Link. So legt den Brand an allen Ecken.

Metzler. Wird ein hübsches Feuerchen geben. Siehst du, wie die Kerls übereinander purzelten und quiekten wie die Frösche! Es lief mir so warm übers Herz wie ein Glas Schnaps! Da war ein Rixinger, wenn der hochnäsige Kerl sonst auf die Jagd ritt und uns vor sich hertrieb mit den Hunden und wie die Hunde. Ich hatt' ihn lange Zeit nicht gesehen, sein Fratzengesicht fiel mir gleich auf. Hasch! Den Spieß ihm zwischen die Rippen, da lag er, streckt' alle Viere über seine Gesellen. Wie die Hasen bei der Treibjagd zuckten die Kerls übereinander

Link. Raucht schon brav.

Metzler. Dort hinten brennt's. Lass uns mit der Beute ohne Hast zum großen Haufen ziehen.

Link. Wo hält er?

Metzler. Von Heilbronn her in unsere Richtung. Sie brauchen eigentlich einen richtigen Hauptmann, vor dem alles Volk Respekt hätt'. Denn wir sind doch nur ihresgleichen, das fühlen sie und werden rebellisch.

Link. Wen meinen sie?

Metzler. Max Stumpf oder Götz von Berlichingen.

Link. Das wäre gut, gäbe auch unserer Sache einen guten Schein, wenn's der Götz tät; er hat immer für einen rechtschaffnen Ritter gegolten. Auf! Auf! Wir ziehen nach Heilbronn! Ruft's herum.

Metzler. Das Feuer leuchtet uns noch eine gute Strecke. Hast du den großen Kometen gesehen?

Link. Ja. Das ist ein schreckliches Zeichen! Wenn wir die Nacht

1 Gaudium: Spaß, Vergnügen

hindurch ziehen, können wir ihn gut sehen. Er geht gegen ein Uhr auf.

Metzler. Und bleibt nur fünf Viertelstunden. Wie ein gebogner Arm mit einem Schwert sieht er aus, so blutgelbrot.

Link. Hast du die drei Sterne gesehen an des Schwertes Spitze und Seite?

Metzler. Und der breite Streif!

Link. Auf! Auf! *(Ab.)*

1. Wovon handelt diese Szene?
2. Wer sind Link und Metzler? Was tun sie?
3. Warum wollen sie einen Hauptmann haben?

5.2 Feld

Man sieht in der Ferne zwei Dörfer brennen und ein Kloster.

Kohl. Wild. Max Stumpf. Mehrere Landsknechte.

Max Stumpf. Ihr könnt nicht verlangen, dass ich euer Hauptmann sein soll. Für mich und euch wär's nichts nütze. Ich bin Pfalzgrafischer Diener; wie sollte ich euch Rebellen gegen meinen Herrn führen? Ihr würdet immer meinen, ich tät es nicht von Herzen.

Kohl. Wir wussten wohl, du würdest eine Entschuldigung finden.

(Götz, Lerse, Georg kommen.)

Götz. Was wollt ihr von mir?

Kohl. Ihr sollt unser Hauptmann sein.

Götz. Soll ich mein ritterlich Wort dem Kaiser brechen und aus meinem Bannkreis gehen?

Wild. Das ist keine Entschuldigung.

Götz. Und wenn ich ganz frei wäre, und ihr wollt handeln wie bei Weinsberg an den Edeln und Herren und so fort wüten, wie rings herum das Land brennt und blutet, und ich sollt euch behilflich sein bei euerm schändlichen rasenden Treiben – eher sollt ihr mich totschlagen wie einen tollwütigen Hund, als dass ich euer Hauptmann würde!

Kohl. Wäre das Unrecht nicht schon geschehen, geschähe es vielleicht in Zukunft nicht mehr.

Stumpf. Das war eben das Unglück, dass sie keinen Führer hatten, den sie geehrt hätten und der ihrer Wut Einhalt geboten hätte. Nimm die Hauptmannschaft an, ich bitte dich, Götz. Die Fürsten werden es dir danken, ganz Deutschland. Es wird zum Besten und Nutzen aller sein. Menschen und Länder werden verschont werden.

Götz. Warum übernimmst du's nicht?

Stumpf. Ich hab mich von ihnen losgesagt.

Kohl. Wir haben nicht Zeit für lange unnötige Diskussionen. Kurz und gut. Götz, sei unser Hauptmann oder sorge dich um dein Schloss und deine Haut. Und hiermit hast du zwei Stunden Bedenkzeit. Bewacht ihn.

Götz. Die Zeit brauche ich nicht! Ich bin entschlossen – jetzt oder später. Warum seid ihr ausgezogen? Eure Rechte und Freiheiten wiederzuerlangen? Was wütet ihr und verderbt das Land! Wollt ihr verzichten auf alle Übeltaten und handeln wie wackre Leute, die wissen, was sie wollen, so will ich euch behilflich sein bei euern Forderungen und für acht Tage euer Hauptmann sein.

Wild. Was geschehen ist, ist in der ersten Hitze des Gefechts geschehen.

Kohl. Auf ein Vierteljahr wenigstens musst du uns zusagen.

Stumpf. Macht vier Wochen, damit könnt ihr beide zufrieden sein.

Götz. Meinetwegen.

Kohl. Eure Hand!

Götz. Und gelobt mir den Vertrag, den ihr mit mir gemacht, schriftlich an alle Abteilungen zu senden, ihm bei Strafe streng zu befolgen.

Wild. Nun ja! Soll geschehen.

Götz. So verbinde ich mich mit euch auf vier Wochen.

Stumpf. Glück zu! Was du auch tust, verschone unsern gnädigen Herrn den Pfalzgrafen.

Kohl *(leise)*. Bewacht ihn. Dass niemand mit ihm rede außer in eurer Gegenwart.

Götz. Lerse! Kehre zu meiner Frau zurück. Steh ihr bei. Sie soll bald Nachricht von mir haben.

(Götz, Stumpf, Georg, Lerse, einige Bauern ab. – Metzler, Link kommen.)

Metzler. Was hören wir von einem Vertrag? Was soll der Vertrag?

Link. Es ist schändlich, so einen Vertrag einzugehen.

Kohl. Wir wissen so gut wie ihr, was wir wollen und was wir zu tun und zu lassen haben.

Wild. Das Wüten und Brennen und Morden musste doch einmal aufhören, heute oder morgen! So haben wir noch einen tapferen Hauptmann dazu gewonnen.

Metzler. Was aufhören! Du Verräter! Warum sind wir da? Uns an unsern Feinden zu rächen, uns zu bereichern! – Zu dem Vertrag hat euch ein Fürstenknecht geraten.

Kohl. Komm, Wild, er ist wie ein Vieh. *(Ab.)*

Metzler. Geht nur! Kein Haufen wird zu euch stehen. Die Schurken! Link, wir wollen die andern aufhetzen, Miltenberg

dort drüben anzünden, und wenn's Streit gibt wegen des Vertrags, schlagen wir beiden die Köpf ab.
Link. Wir haben doch den großen Haufen auf unsrer Seite.

1. Warum will Stumpf nicht Hauptmann werden?
2. Warum lässt sich Götz dazu überreden?
3. Welche Hoffnungen macht sich Götz?

5.3 Berg und Tal

Eine Mühle im Hintergrund.
Ein Trupp Reiter. Weislingen kommt aus der Mühle mit Franz und einem Boten.

Weislingen. Mein Pferd! – Ihr habt's den andern Herrn auch mitgeteilt?
Bote. Wenigstens sieben Trupps[1] werden mit Euch eintreffen, im Wald hinter Miltenberg. Die Bauern ziehen unten herum. Überall sind Boten ausgeschickt. Fehlschlagen kann's nicht; man sagt, es sei Streit unter ihnen.
Weislingen. Desto besser! – Franz!
Franz. Gnädiger Herr?
Weislingen. Richte es pünktlich aus. Gib ihr den Brief. Sie soll vom Hof auf mein Schloss! Sofort! Du sollst sie abreisen sehen, und mir's dann melden.
Franz. Soll geschehen, wie Ihr befehlt.
Weislingen. Sag ihr, sie *soll* wollen. *(Zum Boten.)* Führt uns nun den nächsten und besten Weg.

1 Ein Trupp (oder „Fähnlein") bestand damals aus 400 Soldaten.

5.4 Jagsthausen

Elisabeth. Lerse.

Lerse. Tröstet Euch, gnädige Frau!

Elisabeth. Ach, Lerse, die Tränen standen ihm in den Augen, als er Abschied von mir nahm. Es ist grausam, grausam!

Lerse. Er wird zurückkehren.

Elisabeth. Es ist nicht das. Wenn er auszog, um rühmlichen Sieg zu erwerben, da war mir's nicht weh ums Herz. Ich freute mich auf seine Rückkehr, vor der mir jetzt bange ist.

Lerse. Ein so edler Mann –

Elisabeth. Die Bösewichter! Sie drohten ihn zu ermorden und sein Schloss anzuzünden? – Wenn er wiederkommen wird – ich seh ihn finster, finster. Seine Feinde werden lügenhafte Anklagen vor Gericht schmieden und er wird nicht sagen können: Nein!

Lerse. Er wird und kann.

Elisabeth. Er hat seinen Bann gebrochen. Sag „Nein“, wenn du kannst!

Lerse. Nein! Er wurde gezwungen; wo ist der Grund, ihn zu verdammen?

Elisabeth. Die Bosheit sucht keine Gründe, nur Ursachen. Er hat sich zu Rebellen, Verbrechern, Mördern gesellt. – Wenn sie ihn gefangen nähmen, als Rebell behandelten und sein graues Haupt – Lerse, ich könnte den Verstand verlieren.

Lerse *(zu sich selbst)*. Sende ihrem Körper Schlaf, lieber Vater der Menschen, wenn du ihrer Seele keinen Trost geben willst!

1. Welche bösen Ahnungen hat Elisabeth?
2. Wie versucht Lerse sie zu beruhigen?

5.5 Bei einem Dorf

Götz. Georg.

Götz. Geschwind zu Pferde, Georg! Ich sehe Miltenberg brennen. Halten sie so den Vertrag? Reit hin, sag ihnen die Meinung. Die Mordbrenner! Ich trenne mich von ihnen. Sie sollen einen Zigeuner zum Hauptmann machen, nicht mich. Geschwind, Georg. *(Georg ab.)* Ich wollte, ich wäre tausend Meilen weg von hier und läge im tiefsten Turm, der in der Türkei steht. Könnt ich mich mit Ehren von ihnen trennen!

(Einige Bauern.)

Erster Bauer. Herr, Herr! Sie sind besiegt, sie sind gefangen.

Götz. Wer?

Zweiter Bauer. Die Miltenberg verbrannt haben. Es zog ein Trupp Reichsknechte hinter dem Berg hervor und überfiel sie ganz überraschend.

Götz. Sie erwartet ihr Lohn. – O Georg! Georg! – Sie haben ihn mit den Bösewichtern gefangen – Mein Georg! Mein Georg! –

(Anführer kommen.)

Link. Auf, Herr Hauptmann, auf! Es ist keine Zeit zu warten. Der Feind ist in der Nähe und mächtig.

Götz. Wer verbrannte Miltenberg?

Metzler. Wenn Ihr Umstände machen wollt, so wird man Euch zeigen, wie man keine macht.

Kohl. Sorgt für unsere Haut und Eure. Auf! Auf!

Götz *(zu Metzler)*. Drohst du mir! Du Schurke! Glaubst du, dass du mir fürchterlicher bist, weil des Grafen von Helfenstein Blut an deinen Händen klebt?

Metzler. Berlichingen!

Götz. Du darfst meinen Namen nennen, und meine Kinder werden sich dessen nicht schämen.

Metzler. Mit dir feigem Kerl werde ich schon fertig! Fürstendiener!

Götz *(haut ihn über den Kopf, dass er stürzt. Die anderen treten dazwischen).*

Kohl. Ihr seid verrückt. Der Feind bricht auf allen Seiten 'rein, und ihr streitet!

Link. Auf! Auf!

(Tumult und Schlacht. – Weislingen. Reiter.)

Weislingen. Nach! Nach! Sie fliehen. Lasst euch durch Regen und Nacht nicht hindern, sie zu verfolgen. Götz ist unter ihnen, hör ich. Sorgt dafür, dass ihr ihn erwischt. Er ist schwer verwundet, sagen die Unsrigen. *(Die Reiter ab.)* Und wenn ich dich habe! – Es ist noch Gnade, wenn wir heimlich im Gefängnis dein Todesurteil vollstrecken. – So verlischt er aus dem Andenken der Menschen und du kannst freier atmen, törichtes Herz. *(Ab.)*

1. Welches neue Verbrechen haben Metzler, Link und ihre Spießgesellen begangen?
2. Was ist mit Georg geschehen?
3. Warum schlägt Götz den Metzler nieder?
4. Welche Absichten hat Weislingen?

5.6 Nacht, im wilden Wald.

Zigeunerlager

Zigeunermutter am Feuer.

Mutter. Flick das Strohdach über der Grube, Tochter, es gibt heute Nacht noch Regen genug.

(Knabe kommt.)

Knabe. Ein Hamster, Mutter. Da! Zwei Feldmäuse.

Mutter. Will sie dir abziehen und braten und sollst eine Kappe haben von den Fellchen. – Du blutest?

Knabe. Hamster hat mich gebissen.

Mutter. Hol mir dürres Holz, dass das Feuer hell brennt, wenn dein Vater kommt, er wird nass sein durch und durch.

(Andere Zigeunerin, ein Kind auf dem Rücken.)

Erste Zigeunerin. Hast du brav gebettelt?

Zweite Zigeunerin. Wenig genug. Das Land ist voll Tumult herum, dass man seines Lebens nicht sicher ist. Brennen zwei Dörfer lichterloh.

Erste Zigeunerin. Ist das dort drunten Brand, der Schein? Seh ihm schon lang zu. Man sieht so viele Feuerzeichen am Himmel in diesem Zeiten.

(Zigeunerhauptmann, drei Gesellen kommen.)

Hauptmann. Hört ihr den wilden Jäger?[1]

Erster Zigeuner. Er zieht grad über uns hin.

Hauptmann. Wie die Hunde bellen! Wau! Wau!

Zweiter Zigeuner. Die Peitschen knallen.

Dritter Zigeuner. Die Jäger jauchzen holla ho!

Mutter. Was bringt ihr, zum Teufel?

1 der wilde Jäger: (damaliger Aberglaube) Sturm und Regen

Hauptmann. Haben im Trüben gefischt. Die Bauern rauben selbst, ist's uns wohl auch erlaubt.

Zweite Zigeunerin. Was hast du, Wolf?

Wolf. Einen Hasen, da, und einen Hahn; einen Bratspieß; ein Bündel Leinwand; drei Kochlöffel und einen Pferdzaum.

Sticks. Eine wollene Decke hab ich, ein Paar Stiefel und Zunder und Schwefel[1].

Mutter. Ist alles pudelnass, wollen's trocknen, gebt her.

Hauptmann. Horch, ein Pferd! Geht! Seht, was ist.

(Götz zu Pferd.)

Götz. Gott sei Dank! Dort seh ich Feuer, sind Zigeuner. Meine Wunden bluten stark, die Feinde kommen hinterher. Heiliger Gott, du endigst grässlich mit mir!

Hauptmann. Ist's Friede, dass du kommst?

Götz. Ich bitte Hilfe von euch. Meine Wunden schwächen mich. Helft mir vom Pferd!

Hauptmann. Helft ihm! Ein edler Mann, an Gestalt und Wort.

Wolf *(leise)*. Es ist Götz von Berlichingen.

Hauptmann. Seid willkommen! Alles ist Euer, was wir haben.

Götz. Dank Euch.

Hauptmann. Kommt in mein Zelt.

5.7 Hauptmanns Zelt

Hauptmann. Götz.

Hauptmann. Ruft der Mutter, sie soll Blutwurzel[2] bringen und Pflaster.

1 Zunder und Schwefel dienten zum Feueranmachen.
2 Blutwurzel: blutstillende Wurzel

Götz *(legt den Harnisch ab).*

Hauptmann. Hier ist mein Feiertagswams[1].

Götz. Gott lohn's.

(Mutter verbindet ihn.)

Hauptmann. Ist mir herzlich lieb, Euch zu haben.

Götz. Kennt Ihr mich?

Hauptmann. Wer sollte Euch nicht kennen! Götz, unser Leben und Blut lassen wir für Euch.

(Schricks.)

Schricks. Kommen durch den Wald Reiter. Sind Reichsknechte.

Hauptmann. Eure Verfolger! Sie sollen nicht bis zu Euch kommen! Auf, Schricks! Ruf die andern! Wir kennen die Schleichwege besser als sie, wir schießen sie nieder, eh sie uns bemerkt haben.

Götz *(allein).* O Kaiser! Kaiser! Räuber beschützen deine Kinder. *(Man hört sie scharf schießen.)* Die wilden Kerls, unbeugsam und treu.

(Zigeunerin.)

Zigeunerin. Rettet Euch! Die Feinde überwältigen unsere Leute.

Götz. Wo ist mein Pferd?

Zigeunerin. Hier.

Götz *(gürtet sich und sitzt auf ohne Harnisch).* Zum letzten Mal sollen sie meinen Arm fühlen. Ich bin so schwach noch nicht.

(Ab.)

Zigeunerin. Er reitet im Galopp zu den Unsrigen.

(Flucht.)

Wolf. Fort, fort! Alles verloren. Unser Hauptmann erschossen. Götz gefangen.

(Geheul der Weiber und Flucht.)

1 Wams: Jacke

1. Bei wem findet Götz vorübergehend Zuflucht?
2. Was erfahren wir am Schluss der Szene?

5.8 Adelheids Schlafzimmer

Adelheid mit einem Brief

Adelheid. Er oder ich! Der Übermütige! Mir drohen! – Wir wollen dir zuvorkommen. Wer schleicht da durch den Saal? *(Es klopft)* Wer ist draußen?

(Franz leise.)

Franz. Macht mir auf, gnädige Frau.

Adelheid. Franz! Er verdient wohl, dass ich ihm aufmache. *(Lässt ihn ein.)*

Franz *(fällt ihr um den Hals)*. Liebe gnädige Frau.

Adelheid. Unverschämter! Wenn dich jemand gehört hätte.

Franz. O es schläft alles, alles!

Adelheid. Was willst du?

Franz. Mich lässt es nicht schlafen. Die Drohungen meines Herrn, Euer Schicksal, mein Herz.

Adelheid. Er war sehr zornig, als du Abschied nahmst?

Franz. Wie ich ihn noch nie gesehen habe. Auf ihre Güter soll sie, sagt' er, sie *soll* wollen.

Adelheid. Und wir gehorchen?

Franz. Ich weiß nicht, gnädige Frau.

Adelheid. Betrogener dummer Junge, du siehst nicht, welche Absicht dahinter steckt. Hier bin ich in Sicherheit. Denn lange ärgert ihn schon meine Freiheit. Er will mich auf seine Güter holen. Dort hat er Gewalt mich voller Hass zu behandeln.

Franz. Er soll nicht!

Adelheid. Wirst du ihn hindern?

Franz. Er soll nicht!

Adelheid. Ich sehe mein ganzes Elend voraus. Von seinem Schloss wird er mich mit Gewalt wegbringen, wird mich in ein Kloster sperren.

Franz. Hölle und Tod!

Adelheid. Wirst du mich retten?

Franz. Ich tue alles, alles!

Adelheid *(die ihm weinend um den Hals fällt)*. Franz, ach uns zu retten!

Franz. Er soll nieder auf die Knie, ich will ihm den Fuß auf den Nacken setzen.

Adelheid. Keine Wut! Du sollst einen Brief zu ihm bringen, voll Demut, dass ich gehorche. Und dieses Fläschchen gieß ihm in sein Getränk.

Franz. Gebt. Ihr sollt frei sein!

Adelheid. Frei! Wenn du nicht mehr zitternd auf deinen Zehen zu mir schleichen wirst – ich nicht mehr ängstlich zu dir sage: „Brich auf, Franz, der Morgen kommt."

1. Warum wollte Weislingen, dass Adelheid Wien verlassen und auf seine Güter gehen soll? (Szene 5.3, Seite 102)
2. Warum will Adelheid Wien nicht verlassen? (Szene 4.4, Seite 92–93)
   Welchen Grund nennt sie Franz?
3. Was hat es mit dem Fläschchen auf sich?
   Welche Belohnung stellt sie Franz in Aussicht?

5.9 Heilbronn, vorm Turm

Elisabeth. Lerse.

Lerse. Gott nehme das Elend von Euch, gnädige Frau. Marie ist hier.

Elisabeth. Gott sei Dank! Lerse, unser Elend ist entsetzlich. Jetzt ist geschehen, was ich alles ahnte! Gefangen, als Meuterer, Missetäter in den tiefsten Turm geworfen –

Lerse. Ich weiß alles.

Elisabeth. Nichts, nichts weißt du, der Jammer ist zu groß! Sein Alter, seine Wunden, ein schleichendes Fieber und, mehr als alles das, die Finsternis seiner Seele. – Dass es so mit ihm enden soll.

Lerse. Auch, und dass der Weislingen Kommissar ist.

Elisabeth. Weislingen?

Lerse. Man hat unerhörte Exekutionen[1] vollzogen. Metzler ist lebendig verbrannt, zu Hunderten wurden sie gerädert, gespießt, geköpft, gevierteilt. Das Land umher gleicht einem Schlachthof.

Elisabeth. Weislingen Kommissar! O Gott! Ein Strahl von Hoffnung. Marie soll zu ihm, er kann ihr nichts abschlagen. Er hatte immer ein weiches Herz und wenn er sie sehen wird, die er so liebte, die so elend durch ihn wurde – Wo ist sie?

Lerse. Noch im Wirtshaus.

Elisabeth. Führe mich zu ihr. Sie muss gleich fort. Ich fürchte alles.

1 Exekutionen: Hinrichtungen

5.10 Weislingens Schloss

Weislingen.

Weislingen. Ich bin so krank, so schwach. Alle meine Knochen sind hohl. Ich fühle ein elendes Fieber. Keine Ruh und Rast, weder Tag noch Nacht. Im halben Schlummer giftige Träume: In der vorigen Nacht begegnete ich Götz im Wald. Er zog sein Schwert und forderte mich heraus. Ich fasste nach meinem, die Hand versagte mir. Da stieß er's in die Scheide, sah mich verächtlich an und ging vorbei. – Er ist gefangen und ich zittre vor ihm. Elender Mensch! Dein[1] Wort hat ihn zum Tode verurteilt, und du zitterst vor seiner Traumgestalt wie ein Missetäter! – Götz! Götz! – Wir Menschen führen uns nicht selbst; bösen Geistern ist Macht über uns gegeben, dass sie ihren höllischen Mutwillen an unserm Verderben üben. *(Setzt sich.)* – Matt! Matt! Wie sind meine Fingernägel so blau! – Ein kalter, kalter, Kräfte verzehrender Schweiß lähmt mir jedes Glied. Es dreht sich alles vor meinen Augen. Könnte ich nur schlafen. Ach –

(Maria tritt auf.)

Weislingen. Jesus Marie! – Lass mir Ruh! Lass mir Ruh! – Die Erscheinung fehlte noch! Sie stirbt, Marie stirbt, und zeigt sich mir.[2] – Verlass mich, seliger Geist, ich bin elend genug.

Maria. Weislingen, ich bin kein Geist. Ich bin Marie.

Weislingen. Das ist ihre Stimme.

Maria. Ich komme meines Bruders Leben von dir zu erbitten. Er ist unschuldig, so strafbar er scheint.

Weislingen. Still, Marie! Du Engel des Himmels bringst die Qualen der Hölle mit dir. Rede nicht weiter.

1 Weislingen spricht zu sich selbst.
2 Aberglaube: Sterbende erscheinen Abwesenden in ihrer Todesstunde.

Maria. Und mein Bruder soll sterben? Weislingen, es ist entsetzlich, dass ich dir sagen muss: „Er ist unschuldig"; dass ich jammern muss, um dich von dem abscheulichsten Mord zurückzuhalten. Deine Seele ist bis in ihre innersten Tiefen von feindseligen Mächten besessen. Das ist so, Adelbert!

Weislingen. Du siehst, der verzehrende Atem des Todes hat mich angehaucht, meine Kraft sinkt nach dem Grabe. Ich sterbe wie ein Elender. O Marie! Marie!

Maria. Mein Bruder stirbt an Krankheiten im Gefängnis. Seine schweren Wunden, sein Alter. Wenn du fähig wärst, sein graues Haupt[1] – Weislingen, wir würden verzweifeln.

Weislingen. Genug. *(Zieht die Schelle.)*

(Franz in äußerster Erregung.)

Franz. Gnädiger Herr.

Weislingen. Die Papiere dort, Franz!

Franz *(bringt sie)*.

Weislingen *(reißt ein Paket auf und zeigt Maria ein Papier)*. Hier ist deines Bruders Todesurteil unterschrieben.

Maria. Gott im Himmel!

Weislingen. Und so zerreiß ich's! Er lebt. Aber kann ich wieder neu erschaffen, was ich zerstört habe? Weine nicht so, Franz! Guter Junge, dir geht mein Elend tief zu Herzen.

Franz *(wirft sich vor ihm nieder und fasst seine Knie)*.

Maria *(zu sich)*. Er ist sehr krank. Sein Anblick zerreißt mir das Herz. Wie liebte ich ihn!

Weislingen. Franz, steh auf und lass das Weinen! Ich kann mich wieder erholen. Hoffnung ist bei den Lebenden.

Franz. Ihr werdet nicht. Ihr müsst sterben.

Weislingen. Ich muss?

Franz *(außer sich)*. Gift! Gift! Von Euerm Weibe! – Ich! Ich! *(Rennt davon.)*

1 wenn du fähig wärst, sein graues Haupt abzuschlagen

Weislingen. Marie, geh ihm nach. Er verzweifelt. *(Maria ab.)* Gift von meinem Weibe! Weh! Weh! Ich fühl's. Marter und Tod!

Maria *(hinten).* Hilfe! Hilfe!

Weislingen *(will aufstehen)*. Gott, kann ich das nicht mehr!

Maria *(kommt zurück)*. Er ist tot. Zum Saalfenster hinaus stürzte er sich verzweifelt in den Main hinunter.

Weislingen. Ihm ist wohl. – Dein Bruder ist außer Gefahr. Die übrigen Kommissarien, Seckendorf besonders, sind seine Freunde. Ritterliches Gefängnis werden sie ihm auf sein Wort gewähren. Leb wohl, Maria, und geh.

Maria. Ich will bei dir bleiben, armer Verlassener.

Weislingen. Wohl verlassen und arm! Du bist ein furchtbarer Rächer, Gott! – Mein Weib –

Maria. Lass diese Gedanken. Kehre dein Herz zu dem Barmherzigen.[1]

Weislingen. Geh, liebe Seele, überlass mich meinem Elend. – Entsetzlich! Auch deine Gegenwart, Marie, der letzte Trost ist Qual.

Maria *(zu sich)*. Stärke mich, o Gott! Meine Seele erliegt mit der seinigen.

Weislingen. Weh! Weh! Gift von meinem Weibe! – Mein Franz verführt durch die Böse! Wie sie wartet, horcht auf den Boten, der ihr die Nachricht bringe: Er ist tot. Und du, Marie! Marie, warum bist du gekommen, dass du jede schlafende Erinnerung meiner Sünden wecktest! Verlass mich, dass ich sterbe.

Maria. Lass mich bleiben. Du bist allein. Denk, ich sei deine Wärterin.[2] Vergiss alles. Vergebe dir Gott so alles, wie ich dir alles vergebe.

Weislingen. Du Seele voll Liebe, bete für mich, bete für mich!

Maria. Er wird sich deiner erbarmen.

Weislingen. Ich sterbe, sterbe und kann nicht sterben. Und in dem fürchterlichen Streit des Lebens und Todes sind die Qualen der Hölle.

1 der Barmherzige: Jesus, der Erlöser
2 Wärterin: Betreuerin, Krankenschwester

Maria. Erbarmer, erbarme dich seiner! Nur einen Blick deiner Liebe an sein Herz, dass es sich zum Trost öffne, und sein Geist Hoffnung, Hoffnung auf ein ewiges Leben in den Tod hinüberbringe!

1. Wie fühlt sich Weislingen?
2. Was tut Weislingen für Götz?
3. Wie richtet sich Franz selbst?
4. Wie verhält sich Maria?

5.11 In einem finstern engen Gewölbe

Die Richter des heimlichen Gerichts. Alle vermummt.

Ältester. Richter des heimlichen Gerichts, schwört auf Strang und Schwert, unsträflich zu sein, zu richten im Verborgnen, zu strafen im Verborgnen, Gott gleich! Sind eure Herzen rein und eure Hände, hebt die Arme empor, ruft über die Missetäter: „Wehe! Wehe!"

Alle. Wehe! Wehe!

Ältester. Rufer, beginne das Gericht!

Rufer. Ich, Rufer, rufe die Klage gegen den Missetäter. Dessen Herz rein ist, dessen Hände rein sind zu schwören auf Strang und Schwert, der klage bei Strang und Schwert, klage, klage!

Kläger *(tritt vor)*. Mein Herz ist rein von Missetat, meine Hände von unschuldigem Blut. Verzeih mir, Gott, böse Gedanken! Ich hebe meine Hand auf und klage, klage, klage!

Ältester. Wen klagst du an?

Kläger. Klage an auf Strang und Schwert Adelheid von Weislingen. Sie hat sich des Ehebruchs schuldig gemacht, ihren

Mann vergiftet durch ihren Diener. Der Diener hat sich selbst gerichtet, der Mann ist tot.

Ältester. Schwörst du beim Gott der Wahrheit, dass du Wahrheit klagst?

Kläger. Ich schwöre.

Ältester. Würde es für falsch befunden, bietest du deinen Hals der Strafe des Mords und des Ehebruchs?

Kläger. Ich biete

Ältester. Eure Stimmen.

(Sie reden heimlich zu ihm.)

Kläger. Richter des heimlichen Gerichts, was ist euer Urteil über Adelheid von Weislingen, angeklagt des Ehebruchs und Mords?

Ältester. Sterben soll sie! Sterben durch bittren doppelten Tod; mit Strang und Dolch büßen doppelt doppelte Missetat. Streckt eure Hände empor und rufet Weh über sie! Weh! Weh! In die Hände des Vollstreckers.

Alle. Weh! Weh! Weh!

Ältester. Vollstrecker, tritt vor.

Vollstrecker *(tritt vor)*.

Ältester. Fass hier Strang und Schwert, sie auszulöschen von dem Angesicht des Himmels, binnen acht Tagen. Wo du sie

INFO

Feme

Solche Feme-Gerichte, wie in dieser Szene beschrieben, gab es im Mittelalter in Deutschland wirklich. Im Namen des Kaisers verurteilten sie Verbrecher, die die Todesstrafe verdient hatten.

Die Mitglieder waren die „Wissenden". Jeder freie und unbescholtene Bürger konnte Mitglied werden. Er musste kniend die rechte Hand auf das Schwert und den Strick legen und schwören „vor Gott und seinen Heiligen", dass er vor dem Feme-Gericht Anklage erheben werde, wenn er ein Verbrechen wahrnimmt oder von ihm erfährt.

auch findest, nieder mit ihr in den Staub! – Richter, die ihr richtet im Verborgenen und straft im Verborgenen, Gott gleich, bewahrt euer Herz vor Missetat und eure Hände vor unschuldigem Blut.

1. Wer wird vor dem Femegericht angeklagt?
2. Welche Strafe wird verhängt?

5.12 Hof einer Herberge

Maria. Lerse.

Maria. Die Pferde haben genug gerastet. Wir wollen fort, Lerse.
Lerse. Ruht doch bis zum Morgen. Die Nacht ist gar zu unfreundlich.
Maria. Lerse, ich habe keine Ruhe, bis ich meinen Bruder gesehen habe. Lass uns fort. Das Wetter hellt sich auf, wir haben einen schönen Tag zu erwarten.
Lerse. Wie Ihr befehlt.

5.13 Heilbronn, im Turm

Götz. Elisabeth.

Elisabeth. Ich bitte dich, lieber Mann, rede mit mir. Dein Stillschweigen ängstigt mich. Du verglühst in dir selbst. Komm, lass uns nach deinen Wunden sehen; sie bessern sich schon sehr. In der mutlosen Finsternis erkenne ich dich nicht mehr.

Götz. Suchst du den Götz? Der ist lange tot. Sie haben mich nach und nach verstümmelt, meine Hand, meine Freiheit, Güter und guten Namen. Mein Kopf, was ist an dem? – Was hört Ihr von Georg? Ist Lerse zu Georg geritten?

Elisabeth. Ja, Lieber! Richtet Euch auf, es kann sich vieles ändern.

Götz. Wen Gott niederschlägt, der richtet sich selbst nicht auf. Ich weiß am besten, was auf meinen Schultern liegt. Unglück bin ich gewohnt zu dulden. Und jetzt ist's nicht Weislingen allein, nicht die Bauern allein, nicht der Tod des Kaisers und meine Wunden – Es ist alles zusammen. Meine Stunde ist gekommen. Ich hoffte, sie sollte sein wie mein Leben. *Sein* Wille geschehe.

Elisabeth. Willst du nicht was essen?

Götz. Nichts, meine Frau. Sieh, wie die Sonne draußen scheint.

Elisabeth. Ein schöner Frühlingstag.

Götz. Meine Liebe, wenn du den Wächter bereden könntest, mich in sein kleines Gärtchen zu lassen auf eine halbe Stunde, dass ich die liebe Sonne genieße, den heiteren Himmel und die reine Luft.

Elisabeth. Gleich! Und er wird's wohl tun.

5.14 Gärtchen am Turm

Maria. Lerse.

Maria. Geh hinein und sieh, wie's steht.

(Lerse ab. – Elisabeth. Wächter.)

Elisabeth. Gott vergelte Euch die Lieb und Treu an meinem Mann. *(Wächter ab.)* Maria, was bringst du?

Maria. Meines Bruders Sicherheit. Ach, aber mein Herz ist zer-

rissen. Weislingen ist tot, vergiftet von seiner Frau. Mein Mann ist in Gefahr. Die Fürsten werden ihm zu mächtig, man sagt, er sei eingeschlossen und belagert.

Elisabeth. Glaubt dem Gerücht nicht. Und lasst Götz nichts merken.

Maria. Wie steht's um ihn?

Elisabeth. Ich fürchtete schon, er würde deine Rückkehr nicht erleben. Die Hand des Herrn liegt schwer auf ihm. Und Georg ist tot.

Maria. Georg! Der goldne Junge!

Elisabeth. Als die Schurken Miltenberg verbrannten, sandte sein Herr ihn, um sie aufzuhalten. Da griff ein Trupp Reichsknechte sie an. – Georg! Hätten sie sich alle so tapfer gehalten wie er – Viele wurden erstochen, und Georg mit: Er starb einen Reitertod.

Maria. Weiß es Götz?

Elisabeth. Wir verschweigen es vor ihm. Er fragt mich zehnmal am Tag und schickt mich zehnmal, um zu nachzuforschen, was Georg macht. Ich fürchte seinem Herzen diesen letzten Stoß zu geben.

Maria. O Gott, was sind die Hoffnungen auf Erden!

(Götz. Lerse. Wächter.)

Götz. Allmächtiger Gott! Wie wohl ist's einem unter deinem Himmel! Wie frei! – Die Bäume treiben Knospen und alle Welt hofft. Lebt wohl, meine Lieben; meine Wurzeln sind abgehauen, meine Kraft sinkt nach dem Grabe.

Elisabeth. Darf ich Lerse nach deinem Sohn ins Kloster schicken, dass du ihn noch einmal siehst und segnest?

Götz. Lass ihn, er ist heiliger als ich, er braucht meinen Segen nicht. – An unsrem Hochzeitstag, Elisabeth, ahnte ich nicht, dass ich so sterben würde. – Mein alter Vater segnete uns, und sein Gebet enthielt den Wunsch nach einer Nachkommenschaft von edeln tapfern Söhnen. – Du[1] hast ihn nicht erhört, und ich bin der Letzte. – Lerse, dein Angesicht freut mich in der Stunde des Todes mehr als im mutigsten Gefecht. Damals führte mein Geist den eurigen; jetzt hältst du mich aufrecht. Ach, dass ich Georg noch einmal sähe, mich an seinem Blick wärmte! – Ihr seht zur Erde und weint – Er ist tot – Georg ist tot. – Stirb, Götz – du hast dich selbst überlebt, die Edeln überlebt. – Wie starb

1 Du: Götz spricht zu Gott.

er? – Ach, fingen sie ihn unter den Mordbrennern, und er ist hingerichtet?

Elisabeth. Nein, er wurde bei Miltenberg erstochen. Er wehrte sich wie ein Löwe, der um seine Freiheit kämpft.

Götz. Gott sei Dank! – Er war der beste Junge unter der Sonne und tapfer. – Erlöse meine Seele nun! – Arme Frau! Ich lasse dich in einer verdorbenen Welt. Lerse, verlass sie nicht. – Schließt eure Herzen sorgfältiger als eure Tore. Es kommen die Zeiten des Betrugs. Die Schurken werden regieren mit List, und der Edle wird in ihre Netze fallen. Maria, gebe dir Gott deinen Mann wieder. Möge er nicht so tief fallen, wie er hoch gestiegen ist! Selbitz starb und der gute Kaiser und mein Georg. – Gebt mir einen Trunk Wasser. – Himmlische Luft – Freiheit! Freiheit! *(Er stirbt.)*

Elisabeth. Nur droben ist Freiheit, droben bei dir[1]. Die Welt ist ein Gefängnis.

Maria. Edler Mann! Edler Mann! Wehe dem Jahrhundert, das dich von sich stieß!

Lerse. Wehe der Nachwelt, die dich verkennt!

1 dir: Elisabeth spricht zu Gott.

1. Welche Nachrichten bringt Maria?
2. Wie ist Georg, der „goldne Junge“, gestorben?
3. Welches sind die letzten Worte von Götz? (Siehe auch Szene 3.20, Seite 77)
4. Was meinen Maria und Lerse mit ihren Worten am Schluss des Dramas?

INFO

Anspielungen auf die Bibel

In der letzten Szene gibt es mehrere Anspielungen auf die Bibel, zum Beispiel:

Elisabeth. *Die Hand des Herrn liegt schwer auf ihm.*
→ Psalm 32, Abschnitt 4: Denn deine Hand war Tag und Nacht schwer auf mir, dass mein Saft vertrocknete, wie es im Sommer dürre wird.

Götz. *Lebt wohl, meine Lieben; meine Wurzeln sind abgehauen, meine Kraft sinkt nach dem Grabe.*
→ Matthäus 3, Abschnitt 10: Es ist schon die Axt den Bäumen an die Wurzel gelegt. Darum, welcher Baum nicht gute Frucht bringt, wird abgehauen und ins Feuer geworfen.

Götz. *Arme Frau! Ich lasse dich in einer verdorbenen Welt. Lerse, verlass sie nicht.*
→ Johannes 19, Abschnitte 26–27: Da nun Jesus seine Mutter sah und den Jünger dabei stehen, den er lieb hatte, sprach er zu seiner Mutter: Weib, siehe, das ist dein Sohn! – Danach sprach er zu dem Jünger: Siehe, das ist deine Mutter! Und von Stund an nahm sie der Jünger zu sich.

Der historische Götz von Berlichingen (1480–1562)

Urtext (Erstausgabe von 1774)

Götz. Elisabeth du bleibst bey mir!
Elisabeth. Bis in den Todt. ab.
Götz. Wen Gott lieb hat, dem geb er so eine Frau.

Georg kommt.

Georg. Sie sind in der Nähe, ich habe sie vom Thurm gesehen. Die Sonne ging auf und ich sah ihre Picken blinken. Wie ich sie sah, wollt mir's nicht bänger werden, als einer Katze vor einer Armee Mäuse. Zwar wir spielen die Ratten.
Götz. Seht nach den Thorriegeln. Verrammelt inwendig mit Balken und Steinen. Georg ab. Wir wollen ihre Gedult für'n Narren halten und ihre Tapferkeit, sollen sie mir an ihren eigenen Nägeln verkäuen. Trompeter von aussen. Aha! ein rothröckiger Schurke, der uns die Frage vorlegen wird, ob wir Hundsfütter seyn wollen. er geht ans Fenster. Was solls? Man hört in der Ferne reden.
Götz. in seinen Bart Einen Strick um deinen Hals. Trompeter redet fort.
Götz. Beleidiger der Majestät! Die Aufforderung hat ein Pfaff gemacht. Trompeter endet.
Götz. antwortet Mich ergeben! Auf Gnad und Ungnad! Mit wem redet ihr! Bin ich ein Räuber! Sag deinem Hauptmann: Vor Ihro Kayserliche Majestät, hab ich, wie immer schuldigen Respect. Er aber, sags ihm, er kann mich im Arsch lecken.

schmeist das Fenster zu.

Bearbeitung für die Schule (Seite 72–73)

Götz. Elisabeth, du bleibst bei mir!

Elisabeth. Bis in den Tod. *(Ab.)*

Götz. Wen Gott lieb hat, dem gebe er so eine Frau!

(Georg kommt.)

Georg. Sie sind in der Nähe, ich habe sie vom Turm gesehen. Die Sonne ging auf und ich sah ihre Lanzen blinken. Als ich sie sah, hatte ich nicht mehr Angst als eine Katze vor einer Armee Mäuse. Allerdings spielen wir die Ratten.

Götz. Seht nach den Torriegeln. Verrammelt alles von innen mit Balken und Steinen. *(Georg ab.)* Wir wollen ihre Geduld zum Narren halten und ihre Tapferkeit auf die Probe stellen. *(Trompeter von außen.)* Aha! Ein Schurke in roter Uniform, der uns die Frage vorlegen wird, ob wir Hundsfötter[1] sein wollen. *(Er geht ans Fenster.)* Was soll's?

(Man hört in der Ferne reden.)

Götz *(in seinen Bart)*. Einen Strick um deinen Hals.

(Trompeter redet fort.)

Götz. „Beleidiger der Majestät!" – Die Aufforderung hat ein Pfaff geschrieben.

(Trompeter endet.)

Götz *(antwortet)*. Mich ergeben? Auf Gnade und Ungnade! Mit wem redet Ihr! Bin ich ein Räuber? Sag deinem Hauptmann: Vor Ihro Kaiserliche Majestät hab ich, wie immer, den schuldigen Respekt. Er aber, sag's ihm, er kann mich im Arsch lecken. *(Schmeißt das Fenster zu.)*

1 Hundsfötter: Schurken

Bildquellenverzeichnis
Umschlag: Burgfestspiele Jagsthausen (Titelbild); Stiftung Weimarer Klassik/Goethe-Nationalmuseum (Scherenschnitt).
Alle Szenenfotos entstammen der Götz-Inszenierung der Burgfestspiele Jagsthausen 2002 (© Werner R. Jänicke, Heilbronn); Inszenierung: Jan Aust; in den Hauptrollen: Timo Ben Schöfer (Götz von Berlichingen), Henning Karge (Georg), Cornelia Drese (Elisabeth), Natascha Clasing (Maria), Holger Schulze (Adalbert von Weislingen), Ulrike Luderer (Adelheid von Walldorf), Robert Hummel (Franz), Josef Tratkin (Bischof von Bamberg), Thomas Flocken (Liebetraut), Claus Fuchs (Kaiser Maximilian). – S. 125: Bildarchiv preuß. Kulturbesitz (Götz von Berlichingen, Ölgemälde, 1535).

Materialien im Internet
Lehrerinnen und Lehrern bieten wir zu diesem Drama didaktische Materialien unter *www.cornelsen-teachweb.de/co/einfachklassisch* an.

Redaktion: Gerlinde Bauer, Regensburg

Zeichnungen, Karte: Ursula Abramowski-Lautenschläger, Berlin
Umschlaggestaltung: Knut Waisznor
Layout: Julia Walch, Bad Soden
Technische Umsetzung: Verlagsbüro Bauer & Lutz, Regensburg

Cornelsen online http://www.cornelsen.de

1. Auflage Druck 4 3 2 1 Jahr 06 05 04 03

Alle Drucke dieser Auflage sind inhaltlich unverändert
und können im Unterricht nebeneinander verwendet werden.

Druck: Clausen & Bosse, Leck

ISBN 3-464-60940-5

Bestellnummer 609405

Gedruckt auf säurefreiem Papier,
umweltschonend hergestellt aus chlorfrei gebleichte Faserstoffen.